AF865853

Texte von NADIA BAILEY
Illustrationen von SUSANNA HARRISON
Aus dem Englischen übersetzt von MARION HERBERT

FRIDA von A bis Z

KNESEBECK

EINLEITUNG

»Wer war Frida Kahlo? Darauf gibt es keine eindeutige Antwort. Die Persönlichkeit dieser Frau war so widersprüchlich und vielseitig, dass man wohl sagen kann, es habe viele Fridas gegeben …«
– Alejandro Gómez Arias

Als Frida Kahlo 1954 starb, galt sie nicht als Ikone. Der Umfang ihres Werks war zu bescheiden, ihre Bilder zu klein und zu persönlich, zu sonderbar ihre Themen. Im Laufe ihres kurzen Lebens hatte sie nur eine einzige Solo-Ausstellung in ihrer Heimat Mexiko, und obwohl sie in den USA und in Paris beachtliche Erfolge feierte, blieb sie dem Rest der Welt unbekannt. Nach ihrem Tod sah es so aus, als würde ihr Vermächtnis in Vergessenheit geraten.

Jahrzehnte vergingen. Erst in den 1980ern wurde ihr Werk neu bewertet, und sie trat aus dem Schatten ihres berühmten Ehemannes Diego Rivera hervor. Frida gelang es, die Erfahrungen ihres Lebens auf kraftvolle Weise zu verbildlichen, und ihr Leben und ihre Kunst sprachen immer mehr Leute an – Frauen, People of Color, Menschen, die sich als queer identifizieren oder mit Behinderungen leben. Wie viele große Künstler·innen war sie ihrer Zeit weit voraus.

Ihre Lebensumstände waren kompliziert. Nach einer Polioinfektion als Kind und einem Busunfall in ihrer Jugend hatte sie ihr ganzes Leben lang mit gesundheitlichen Problemen zu kämpfen. Das Leiden war ihr ständiger Begleiter. Sie führte ein intensives, schmerzerfülltes, leidenschaftliches Leben – ebenso voller Liebe wie voller Qualen. Sie war kein einfacher Mensch und alles andere als oberflächlich. In ihr tobten heftige Widersprüche. Sie war extrem großzügig, aber unglaublich liebebedürftig. Ging es um ihre Arbeit, war sie bescheiden, aber eitel bei ihrem Äußeren. Sie verstand es, sich zu inszenieren, und lenkte mit ihrem Charme von ihrem gebrochenen Körper ab. Sie trank viel, rauchte ständig und fluchte mit Genuss. Sie war eine unvergleichliche Malerin, befasste sich leidenschaftlich mit Politik und provozierte gern.

Man kann Frida unmöglich verstehen, ohne sich auch mit Diego zu beschäftigen. Er war ihre große Liebe, aber sie führten eine bekanntermaßen explosive Beziehung. Beide waren große Künstler, beide von ihren Leidenschaften geleitet, stritten daher ständig und versöhnten sich ebenso oft wieder miteinander. Er war ein unverbesserlicher Fremdgeher und brach ihr immer wieder das Herz. Aber auch sie hatte Affären und verliebte sich sowohl in Männer als auch in Frauen. Doch das Wichtigste an ihrer Beziehung waren nicht die Seitensprünge oder Liebesaffären, sondern ihre unerschütterliche Hingabe zueinander.

Seit ihrem Tod 1954 wurde Frida Kahlo zu Recht eine Ikone. Ihre Kunst ist legendär, und ihr Name steht für kraftvolle Weiblichkeit und fabelhaften Stil. Sie kümmerte sich nicht darum, was andere dachten, sondern nahm den Schmerz und die Freude ihrer Erfahrungen in sich auf und gab sie der Welt in Form von subversiven, zutiefst persönlichen und faszinierenden Gemälden zurück, die ein ausdrucksvolles Zeugnis ihres außergewöhnlichen Lebens bleiben.

NADIA BAILEY

A

steht auch für

Androgynität

»An meinem Gesicht mag ich die Augenbrauen und die Augen. Abgesehen davon mag ich nichts«, schrieb Frida einmal. »Ich habe den Schnurrbart und allgemein das Gesicht des anderen Geschlechts.« Trotzdem oder gerade deshalb machte Frida aus ihrem androgynen Äußeren eine Quelle subversiver Kraft. Auf einigen ihrer Selbstporträts betonte sie ihren Damenbart stärker, als er war, und einmal malte sie sich mit einem jungenhaften Haarschnitt und in einem übergroßen Herrenanzug.

…

Abhängigkeit

Frida litt an chronischer Krankheit sowie an einem kräftezehrenden körperlichen Trauma. Sie musste über 30 Operationen und mehrere Fehlgeburten und Abtreibungen überstehen. Gegen ihre Schmerzen nahm sie viele Medikamente, darunter auch Pethidin, Morphium und Alkohol, und man sah sie selten ohne Zigarette. Offiziell starb sie an einer Lungenembolie, aber manche glauben, sie habe absichtlich eine Medikamentenüberdosis genommen. Ihr letzter Tagebucheintrag ist vieldeutig: »Ich hoffe, der Abgang ist freudevoll – und ich hoffe, ich kehre niemals zurück. Frida.«

…

Anahuacalli

Diego und Frida kauften früh in ihrer Ehe ein Grundstück in Coyoacán im Süden von Mexiko-Stadt. Da es zu sumpfig für eine landwirtschaftliche Nutzung war, beschloss Diego, dort ein ambitioniertes Museum zu errichten. Er nannte es Anahuacalli. Heute zeigt es seine Sammlung präkolumbianischer Artefakte sowie seine eigenen Wandbilder, Skizzen und Mosaike.

Frida ließ ihren politischen Ansichten auch Taten folgen: Bewegt von der Notlage der Loyalisten, die im Spanischen Bürgerkrieg besiegt wurden, sorgte sie mit Diego dafür, dass 400 spanische Flüchtlinge in Mexiko Asyl fanden.

Als entschlossene Revolutionärin behauptete Frida gern, sie sei 1910 geboren, in dem Jahr, als die Mexikanische Revolution begann. Tatsächlich kam sie jedoch schon 1907, also drei Jahre früher, auf die Welt.

Jacobo Árbenz

Bei ihrem letzten öffentlichen Auftritt beteiligte sich Frida in Mexiko an einem Protestmarsch zugunsten des linksgerichteten guatemaltekischen Präsidenten Jacobo Árbenz, der durch einen Putsch gestürzt worden war. Obwohl sie krank war und im Rollstuhl saß, ging sie zum Zeichen ihrer Solidarität mit einem Plakat auf die Straße, auf dem eine Friedenstaube zu sehen war.

A wie AKTIVISMUS

Frida Kahlo war schon in jungen Jahren eine Revolutionärin. Als Jugendliche besuchte sie die Escuela Nacional Preparatoria (Nationale Vorbereitungsschule) und schloss sich der Gruppe Los Cachuchas an, benannt nach den Schirmmützen, die die Mitglieder trugen. In ihrer Schulzeit engagierte sie sich auch in linken Gruppierungen, und diese politische Leidenschaft behielt sie ihr Leben lang bei. Nach ihrer Hochzeit mit Diego Rivera wurde Frida sogar noch aktiver, und das Paar nutzte seine Bekanntheit für viele Kampagnen. Beide waren prosozialistisch, antikapitalistisch, antiimperialistisch und antifaschistisch eingestellt. Diego glaubte fest an die Kraft der Kunst, zur Revolution zu bewegen, und malte riesige Wandbilder zur Unterstützung seiner politischen Ziele. In ihren späteren Jahren beschäftigte sich Frida zunehmend mit der Frage, ob ihre Kunst dasselbe bewirkt habe: »Ich muss mit all meiner Kraft um das Wenige kämpfen, das ich … bei meiner Gesundheit zur Revolution beitragen kann«, schrieb sie in ihr Tagebuch. Ihre Kunst als Instrument für ihren Aktivismus zu nutzen sei der »einzig wahre Grund zu leben«, erklärte sie.

B wie BUS-UNGLÜCK

Unter allen von Frida Kahlos Gemälden drückt *Die gebrochene Säule* ihre Leidenserfahrung am kraftvollsten aus. Es entstand 1944 nach einer ihrer vielen Operationen und zeigt Frida in einer öden, zerfurchten Landschaft mit einem orthopädischen Stahlkorsett um den nackten Oberkörper. Ihr Torso ist gespalten und in der Lücke steht statt ihrer Wirbelsäule eine zerbrochene ionische Säule. In ihrem Körper stecken Nägel, und Tränen laufen ihr über die Wangen, doch ihr Gesicht bleibt abwesend und teilnahmslos.

Wie viele von Fridas Bildern ist *Die gebrochene Säule* stark autobiografisch. Am 12. September 1925 fuhr sie zusammen mit ihrem Freund Alejandro Gómez Arias in einem hölzernen Bus von der Schule nach Hause, als der Bus mit einer Straßenbahn zusammenstieß. Der Bus zersplitterte, und mehrere Insassen starben. Frida trug schwerste Verletzungen davon: Ihre Wirbelsäule brach an drei Stellen, außerdem brachen mehrere Rippen und ihr Schlüsselbein. Ihr rechtes Bein erlitt elf Frakturen, ein Fuß wurde ausgekugelt und zermalmt und ihre Schulter ausgerenkt. Und das Schlimmste: Eine stählerne Haltestange bohrte sich durch ihr Becken und brach den Knochen. Der Unfall veränderte Fridas Leben.

Nach dem Unfall erinnerte sich Alejandro: »Etwas Seltsames war passiert. Frida war ganz nackt. Beim Zusammenprall hatten sich ihre Kleider gelöst. Jemand im Bus, vermutlich ein Anstreicher, hatte ein Paket mit Goldpuder dabeigehabt. Dieses Paket war aufgerissen und das Gold auf Fridas blutenden Körper gefallen. Als die Leute sie sahen, riefen sie: ›*La bailarina, la bailarina!*‹ Mit dem Gold auf dem roten, blutüberströmten Körper hielten sie sie für eine Tänzerin.«

Als Frida nach dem Unfall zu Bettruhe gezwungen war, begann sie sich der Kunst zu widmen. »Ich fing an zu malen«, sagte sie, »weil ich mich in der ganzen Zeit im Bett langweilte. Da ich jung war, kam mir der Unfall nicht so tragisch vor. Ich hatte genügend Energie, um alles Mögliche zu tun, statt Medizin zu studieren. Und ohne dass ich es richtig merkte, fing ich an zu malen.«

Auf dem Bild *Die gebrochene Säule* orientiert sich Frida an der christlichen Ikonografie und stellt sich selbst als Märtyrerin dar, deren Leiden ins Heldenhafte erhöht wird: Die Nägel in ihrem Körper erinnern an Darstellungen des von Pfeilen durchbohrten Heiligen Sebastian, während das weiße Laken um ihre Hüften an klassische Jesus-Bildnisse denken lässt.

Unfälle wie der von Frida und Alejandro waren damals nicht selten. Sie kamen sogar so häufig vor, dass sie manchmal auf *retablos* oder Votivbildern dargestellt wurden, kleinen religiösen Gemälden, mit denen einer wundersamen Rettung oder Genesung gedacht und dem Herrn für die Erlösung gedankt werden sollte.

B

steht auch für

André Breton

1938 traf der Dichter und Schriftsteller André Breton Frida und Diego in Mexiko. Breton war von Fridas Arbeit begeistert und erklärte sie zu einer selbst erschaffenen Surrealistin. Frida hingegen fand Breton lästig und überheblich (sie bevorzugte die Gesellschaft seiner Frau Jacqueline Lamba) und bezeichnete ihn in einem Brief einmal als die »alte Kakerlake Breton«.

...

Josephine Baker

Josephine Baker war Tänzerin, Entertainerin, Geheimagentin beim französischen Militär und Erfinderin des berühmten »Danse Sauvage« in einem Kostüm, das aus kaum mehr als einem Rock aus aufgefädelten künstlichen Bananen bestand. Frida und Josephine lernten sich 1939 in Paris kennen, und auch wenn es dafür keine eindeutigen Beweise gibt, kursierte das Gerücht, dass Josephine eine von Fridas vielen Liebhaberinnen war.

...

Barbie

2018 brachte Mattel in der Serie »Inspirierende Frauen« eine Frida-Kahlo-Barbiepuppe heraus. Darüber waren jedoch nicht alle erfreut. Die Puppe hatte zwar schwarze Haare, Blumen auf dem Kopf und ein mexikanisch inspiriertes Kleid, aber viele fanden, dass sie Frida nicht gerecht wurde, weil Fridas bräunliche Haut, ihre dunklen Augen, ihre markante Monobraue und ihr gebrechlicher Körper nicht zur Geltung kamen.

C

steht auch für

Chinin

Frida wünschte sich sehnlich ein Kind mit Diego, aber ihre körperlichen Probleme ließen nicht zu, dass sie ein Baby austrug. Trotz ihrer katholischen Erziehung sah sie Abtreibungen pragmatisch. »In Anbetracht meines Gesundheitszustands hielt ich es für das Beste abzutreiben«, schrieb sie aus Detroit an Dr. Leo Eloesser, nachdem sie mit einem Arzt vor Ort gesprochen hatte. »Ich habe ihm das gesagt, und er gab mir eine Dosis Chinin und als ganz starkes Abführmittel Rizinusöl.«

…

Christentum

Obwohl ihre Mutter sehr gläubig war, konnte Frida mit der katholischen Religion nichts anfangen. Dennoch macht sich ihr Einfluss in ihrem gesamten Werk bemerkbar. Beispielsweise stellt sich Frida auf einem ihrer faszinierendsten Gemälde, *Selbstbildnis mit Dornenhalsband* (1940), mit dornigen Ranken um den Hals dar – ein Verweis auf die Dornenkrone, die Jesus während seiner Folter und Kreuzigung trug.

…

Chronische Krankheit

Mit sechs Jahren erkrankte Frida an Polio. Ihr rechtes Bein verkümmerte und blieb für immer dünner und kürzer als ihr linkes. Infolge ihrer Krankheit wurde sie zu einem introvertierten Kind, das mit imaginären Freunden in seiner eigenen Welt lebte. Als Erwachsene verwandelte Frida ihre Erfahrungen mit Krankheit und chronischen Schmerzen in Kunst: Dort konnte sie frei eine Welt ohne Begrenzungen erschaffen.

Der Eingang der Casa Azul wurde von zwei riesigen Pappmaschee-Judasfiguren bewacht, und im Esszimmer war uralte Keramik aus Puebla, Jalisco und Michoacán ausgestellt. Eine Sammlung von mehr als 400 Votivbildern schmückte den Treppenabsatz vor dem Arbeitszimmer.

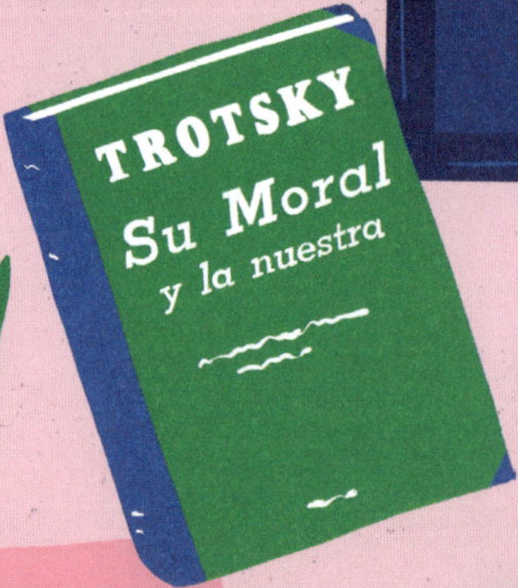

Als das Frida-Kahlo-Museum im Juli 1958 eröffnete, wurde Fridas Asche in einem Beutel auf ihr Bett gelegt, zusammen mit einer Totenmaske aus Gips und ihrem Lieblings*rebozo* (einer Art Schal). Später wurde ihre Asche in ein präkolumbianisches Gefäß in Form einer runden, kopflosen Frau umgefüllt. Die Totenmaske wurde in Bronze gegossen und steht nun neben dem Gefäß.

Das Haus, heute als Frida-Kahlo-Museum für Besucher geöffnet, wurde genau so erhalten, wie Frida darin wohnte. Es ist voll mit ihren Kleidern, Schmuckstücken, Spielsachen, Puppen, Briefen, Büchern und Kunstgegenständen und zeigt so auf anschauliche Weise ihr Leben und ihre liebsten Dinge.

In tiefer Trauer nach Fridas Tod schloss Diego ihre Habseligkeiten im Bad der Casa Azul ein und ordnete an, dass der Raum bis 15 Jahre nach seinem Tod nicht betreten werden dürfe. Tatsächlich blieb das Bad mehr als 50 Jahre lang unberührt. Als es schließlich Ende 2003 geöffnet wurde, fand man darin mehr als 6.500 Fotos, 22 Dokumente und 300 Kleidungsstücke von Frida.

C wie CASA AZUL

Die Casa Azul, das Blaue Haus, ist der Ort, an dem Frida Kahlo geboren wurde und den Großteil ihres Lebens verbrachte. Es steht in Coyoacán in der Calle Londres, Ecke Allende, und wurde ursprünglich von Guillermo Kahlo im französischen Kolonialstil erbaut. Finanzielle Schwierigkeiten führten dazu, dass die Familie das Haus mehrmals fast verlor (und in harten Jahren nahm sie manchmal zahlende Gäste auf), doch nach Fridas und Diegos Hochzeit löste Diego die Hypothek ab, sodass die Familie weiter dort wohnen konnte. Nach dem Tod von Fridas Eltern renovierten sie und Diego das Haus und den Garten so, dass alles ihre Liebe zur mexikanischen Kultur widerspiegelte: Sie strichen die Wände in strahlendem Blau, ersetzten den strengen europäischen Garten durch einen üppigen Dschungel tropischer Pflanzen, nahmen zahlreiche Haustiere auf und bauten eine Pyramide aus Vulkanstein, die sie mit präkolumbianischen Götterfiguren dekorierten. Frida und Diego lebten während ihrer Ehe nicht nur in der Casa Azul, sondern auch im Ausland, in einem Doppelhaus in San Ángel oder getrennt, aber sie fühlten sich dort wohl am meisten zu Hause. Vielleicht wollte Frida auch deshalb in der Casa Azul wohnen, als es ihr gesundheitlich schlechter ging – es war der Ort, an dem sie ihre letzten Tage verbringen wollte.

D wie DUALITÄT

Leben und Tod, männlich und weiblich, Licht und Dunkelheit, alt und modern – wenn es eine Sache gibt, die für Frida Kahlos Werk typisch ist, dann ihr beständiges Kreisen um Dualität. Diese Dualität zeigte sich in vielen Aspekten ihres Lebens: der Atheismus ihres Vaters und die Frömmigkeit ihrer Mutter, ihr europäisches und ihr mexikanisches Erbe, ihre natürliche Neigung zu *alegría* (Freude, Humor und Lebenslust) und ihre chronischen körperlichen Schmerzen. Auf *Die zwei Fridas* (1939), das entstand, während ihre Ehe mit Diego zerbrach, drückte sie ihre Dualität kraftvoll aus: Sie malte sich doppelt. Die eine Frida trägt europäische Kleidung, ihr Herz ist freigelegt und zerbrochen, und sie hält eine blutige Klemme in der Hand. Die andere Frida hat eine traditionelle mexikanische Tracht an und ein kleines Porträt von Diego in der Hand, und ihr freiliegendes Herz ist ganz. Frida zeigt sich zwiegespalten: vielleicht in die europäische und die Tehuana-Frida, oder vielleicht in die Frida, die von Diego geliebt wurde, und die Frida, von der er sich scheiden ließ.

Die Dualität, von der Frida so besessen war, findet man überall in der mexikanischen Kultur und Mythologie. Leben und Tod, Licht und Dunkelheit, Vergangenheit und Gegenwart, Tag und Nacht, männlich und weiblich sind nur einige der Gegensätze, die sie in ihr Werk einbrachte.

Manchmal drückte Frida ihre Dualität mithilfe von Mischwesen aus. In *Diego und Frida* (1944) malte sie Diego und sich als zwei Hälften eines Ganzen, während *Diego auf Selbstbildnis als Tehuana oder Diego in meinen Gedanken* (1943) und *Diego und ich* (1949) auf ihrer Stirn erscheint, was auf eine symbiotische oder duale Existenz hindeutet.

Fridas Sinn für Dualität entstand möglicherweise durch ihren Unfall. Ihre Freundin Lola Álvarez Bravo meinte, Frida habe das Gefühl gehabt, sie sei an jenem Tag zu zwei verschiedenen Menschen geworden: »Der Kampf der zwei Fridas tobte immer in ihr – der Kampf zwischen einer toten und einer lebendigen Frida.«

Viele von Fridas Bildern thematisieren das Gefangensein zwischen zwei Welten. Auf *Selbstbildnis auf der Grenze zwischen Mexiko und den USA* (1932) steht Frida auf einem Grenzstein zwischen ihrem Heimatland und den Vereinigten Staaten. Auf der mexikanischen Seite des Bildes sieht man die Sonne und den Mond am Himmel, aus der Erde sprießen Pflanzen und Blumen; die amerikanische Seite wird von Fabrikschloten und Wolkenkratzern dominiert. Frida ist in der Mitte gefangen – doch es steht wohl außer Frage, wo ihre Loyalität liegt.

D

steht auch für

Detroit

Frida und Diego lebten 1932 in Detroit, nachdem Diego vom Detroit Institute of Arts den Auftrag bekam, eine Serie von Wandbildern zur modernen Industrie zu erschaffen. Frida wurde mit der Stadt nicht warm. »Es gefällt mir überhaupt nicht«, schrieb sie an ihren Arzt. »Der industrielle Teil von Detroit ist wirklich sehr interessant, der Rest ist, wie überall in den Vereinigten Staaten, hässlich und dumm.«

…

Diegos 54. Geburtstag

Fridas und Diegos Beziehung war turbulent: leidenschaftlich, wütend, voller Betrug und Versöhnungen. 1939, nach zehn Ehejahren, reichten sie die Scheidung ein. Auf die Frage nach dem Warum antwortete Frida ausweichend mit »privaten Gründen, persönlichen Problemen, schwer zu erklären«. Doch die Scheidung hielt nicht lange an: Am 8. Dezember 1940, Diegos 54. Geburtstag, heirateten die beiden erneut.

…

Diario

Fridas *diario*, das Tagebuch, das sie ab Mitte der 1940er-Jahre führte, ist ein eigenständiges Kunstwerk mit Zeichnungen, Tuscheskizzen, Gouachemalereien, surrealer Poesie und zahlreichen Selbstporträts. Es entstand in den letzten zehn Jahren ihres Lebens und ist auch eine leidenschaftliche Hommage an ihre Verbundenheit mit Diego. Frida drückt darin all die Gefühle aus, die sie in der Beziehung empfand: Euphorie, Verrat, Hingabe, Verlangen, Sehnsucht und Freude.

E
steht auch für

Epilepsie
Frida war nicht die Einzige in ihrer Familie, die mit einer Behinderung leben musste: Ihr Vater Guillermo erkrankte infolge von Gehirnverletzungen nach einem Sturz an Epilepsie. Durch diese Gemeinsamkeit entstand zwischen den beiden ein besonderes Band – zwar liebte er alle seine Kinder, aber Frida galt als sein Liebling.

...

Enagua
Fridas typische lange Röcke heißen *enagua* und gehören zur traditionellen Tracht mexikanischer indigener Tehuana-Frauen. Sie trug sie nicht nur aus ästhetischen Gründen – die wallenden Röcke verdeckten ihr von Polio verkrüppeltes Bein, und das elegante Schwingen kaschierte ihr Hinken. Sie hatten eine so große Bedeutung für sie, dass ihre körperlosen Kleider auf Gemälden erschienen, zum Beispiel auf *Mein Kleid hängt hier* (1933) und *Erinnerung oder Das Herz* (1937), wo sie für Frida selbst stehen.

...

Eigene Staffelei
Fridas erste Gemälde entstanden während ihrer Genesung nach dem Busunfall. Da sie den Großteil ihres Körpers nicht bewegen konnte, brauchte sie eine im Liegen benutzbare Staffelei. »Meine Mutter bat einen Schreiner, eine Staffelei zu bauen, wenn man einen speziellen Apparat so nennen kann, der an meinem Bett befestigt wurde, denn wegen des Gipsverbands konnte ich mich nicht aufsetzen«, erinnerte sich Frida. »So fing ich an zu malen.« Als ihre Wirbelsäule 1950 mehrfach operiert werden musste, ließ sie eine ähnliche Staffelei an ihrem Krankenhausbett installieren, sodass sie vier bis fünf Stunden am Tag arbeiten konnte.

Neben ihrer Schulbildung erhielt Frida auch eine praktische Ausbildung: Sie assistierte ihrem Vater in seinem Fotoatelier, lernte Kurzschrift und Maschinenschreiben, sodass sie eine Stelle in einer Bibliothek bekommen konnte, und absolvierte eine Ausbildung in einer Druckerei.

Frida schrieb: »Ich fing an zu malen … einfach aus Langeweile, weil ich ein Jahr lang bettlägerig war, nach einem Unfall, bei dem meine Wirbelsäule, mein Fuß und andere Knochen brachen. Ich war damals sechzehn und wollte unbedingt Medizin studieren. Doch der Zusammenstoß von einem Bus Richtung Coyoacán und einer Straßenbahn Richtung Tlalpan setzte dem ein Ende.«

Frida war als Kind sehr sportlich und machte alles von Fußball über Boxen und Schwimmen bis zu Fahrradfahren, obwohl das für Mädchen ungewöhnlich war.

In der Schule interessierte sich Frida für Biologie, Literatur und Kunst. Sie war nicht besonders fleißig, bekam aber dank ihrer raschen Auffassungsgabe trotzdem gute Noten.

E wie ERZIEHUNG

Frida Kahlos Ausbildung begann zu Hause. Ihre Mutter Matilde Calderón y González lehrte sie traditionelle Hausarbeiten wie Kochen, Putzen, Nähen, Sticken und das Aufrechterhalten eines schönen, funktionierenden Zuhauses. Bei dem Versuch, ihrer Tochter religiöse Frömmigkeit beizubringen, war Matilde jedoch weniger erfolgreich: Frida kam nach ihrem Vater, der Atheist war. 1922 trat Frida in die Escuela Nacional Preparatoria (Nationale Vorbereitungsschule) ein, die als die beste Bildungseinrichtung Mexikos galt, und wählte eine Fächerkombination, die sie auf das Medizinstudium vorbereiten sollte. Sie war eine von nur 35 Schülerinnen unter 2.000 Schülern, fand aber schnell einen Freundeskreis: eine Gruppe von sieben Jungen und zwei Mädchen, die sich Los Cachuchas nannten. Frida traf Diego Rivera zum ersten Mal in ihrer Schulzeit, nachdem er beauftragt worden war, ein Wandbild für die Aula zu malen. Diego war damals 36 Jahre alt, mit Lupe Marín verheiratet und bereits einer der berühmtesten Künstler Mexikos, während Frida eine 15-jährige Schülerin war. Angeblich verliebte sie sich auf den ersten Blick in ihn und erklärte ihren Freundinnen, dass sie eines Tages ein Kind von ihm bekommen werde. Die beiden lernten sich aber erst 1928 richtig kennen.

F wie FAMILIE KAHLO

1891 wanderte Wilhelm Kahlo von Deutschland nach Mexiko aus, wurde mexikanischer Staatsangehöriger und änderte seinen Namen bald nach seiner Ankunft zu Guillermo. 1893 heiratete er eine Mexikanerin namens María Cardena, doch sie starb nach der Geburt ihrer zweiten Tochter. Kurz nach Marías Tod heiratete Guillermo Matilde Calderón y Gonzáles. Matilde und Guillermo waren sehr unterschiedlich: Er war deutsch-ungarischer Abstammung, künstlerisch veranlagt und Atheist, während sie halb Spanierin und halb indigene Mexikanerin, in einem Kloster erzogen, Analphabetin und tief religiös war. Doch es war eine insgesamt glückliche Ehe, aus der vier Töchter hervorgingen: Matilde, Adriana, Frida und Cristina. Frida war Guillermos Lieblingstochter, er fotografierte sie oft – und sie verbrachte gern Zeit in seiner Dunkelkammer und retuschierte Platten und Bilder. Sie hatte zu allen ihren Schwestern ein enges Verhältnis, mochte aber ihre jüngere Schwester Cristina am liebsten. Als Diego mit Cristina eine Affäre hatte, nannte Frida das »die größte Traurigkeit« ihres Lebens – sie brauchte lange, um ihrer Schwester, und noch länger, um Diego zu verzeihen. Schließlich versöhnten sich die Schwestern wieder, und Cristina blieb einer der wichtigsten Menschen in Fridas Leben.

Matilde Calderón wurde in der Region Oaxaca in Mexiko geboren. Frida nahm das indigene mexikanische Erbe ihrer Mutter bereitwillig an und trug zum Zeichen ihres Nationalismus die traditionelle Tehuana-Tracht.

Da Frida keine Kinder bekommen konnte, liebte sie die Kinder ihrer Schwester Cristina wie ihre eigenen.

Matilde starb 1932 an Brustkrebs und Gallensteinen, Guillermo lebte bis 1941.

Nach Fridas Geburt wurde ihre Mutter krank und konnte sie nicht stillen, also wurde Frida von einer indigenen Amme gesäugt. Später sah Frida das als einen wichtigen Teil ihrer persönlichen Mythologie und als ein Symbol ihrer Verbindung zur ursprünglichen mexikanischen Kultur an.

1951 malte Frida ein Porträt ihres Vaters und schrieb dazu: »Ich malte meinen Vater Wilhelm Kahlo, von deutsch-ungarischer Abstammung; von Beruf Fotografiekünstler; großzügig, intelligent und von feinem Charakter, und mutig, weil er 60 Jahre lang an Epilepsie litt, aber nie aufhörte zu arbeiten, und weil er gegen Hitler kämpfte. In Liebe, seine Tochter Frida Kahlo.«

Frida ähnelte ihren beiden Eltern: »Ich habe die Augen meines Vaters und den Körper meiner Mutter.«

F

steht auch für

Filme

Fridas Leben wurde mehrfach verfilmt. Einer der ersten Filme war *The Life and Death of Frida Kahlo as Told to Karen and David Crommie*, eine 40-minütige Dokumentation, die in den 60ern und 70ern dazu beitrug, Frida einem neuen Publikum vorzustellen. Auch der spanischsprachige Film *Frida Kahlo – Es lebe das Leben* (1983) und der englischsprachige Blockbuster *Frida* (2002) halfen dabei, ihre Bekanntheit zu steigern.

...

Los Fridos

1943 begann Frida, an der Malerei- und Bildhauerschule des Bildungsministeriums, besser bekannt als La Esmeralda, Kunst zu unterrichten. Vier Schülerinnen – Arturo García Bustos, Guillermo Monroy, Arturo Estrada und Fanny Rabel – verehrten sie besonders und nannten sich Los Fridos. Die Gruppe malte Wandbilder in der Stadt und gründete die Vereinigung Artistas Jóvenes Revolucionarios (Junge revolutionäre Künstlerinnen). Los Fridos ließen Fridas Werk weiterleben.

...

Feuerbestattung

Frida starb früh morgens am 13. Juli 1954. Am selben Abend wurde ihre Leiche in den Palacio de Bellas Artes in Mexiko-Stadt gebracht und in einer Prozession von etwa 500 Trauernden zum Krematorium im Panteón de Dolores begleitet. Fridas letzte Momente hatten etwas Surreales, fast Mythisches. Zeugen berichteten, ihr Körper habe sich durch die große Hitze in der Brennkammer aufgerichtet und ihr loderndes Haar habe ihren Kopf wie ein feuriger Heiligenschein umgeben. Angeblich schien sie zu lächeln.

G

steht auch für

Alejandro Gómez Arias
Als Jugendliche verliebte sich Frida in Alejandro Gómez Arias, einen Mitschüler an der Escuela Nacional Preparatoria.
Er war bei ihr, als sie ihren schlimmen Unfall erlitt, und für ihn malte sie ihr erstes Selbstporträt. Die beiden waren mehrere Jahre ein Paar, bis Frida sich in Diego Rivera verliebte. Aber sie blieben ihr Leben lang befreundet.

...

Gangrän
1950 diagnostizierte Fridas Arzt bei ihr eine Gangrän (Wundbrand) und empfahl ihr, sich die Zehen amputieren zu lassen.
Bis sie die OP tatsächlich durchführen ließ, hatte sich die Infektion jedoch so weit ausgebreitet, dass Frida ihr halbes Bein verlor. Danach saß sie im Rollstuhl und lernte dann mit Krücken und einer Beinprothese wieder laufen.

...

Gender
Frida war radikal unkonventionell in einer Zeit und Kultur, in der die Geschlechterrollen allgemein starr festgelegt waren. Aber sie tat, was ihr gefiel (auch in ihrer Ehe mit Diego): Sie bildete sich weiter, nahm ihre Kunst ernst, trug gern schicke Herrenkleidung, arbeitete auf ihre finanzielle Unabhängigkeit hin und hatte Liebesaffären mit Männern und Frauen.

Gelb spielt auf vielen von Fridas Bildern eine wichtige Rolle. Auf *Selbstbildnis mit Äffchen* (1945) schlingt sich ein gelbes Band um ihren Hals – ab 1940 begann sie, ihren Hals auf Selbstporträts mit Bändern, Adern, Ranken oder den langen Armen eines Affen zu umschließen, die sie zu ersticken drohen.

In der aztekischen Mythologie ist die *cempasúchil* (Aufrechte Studentenblume) als Totenblume bekannt. Frida malte die gelben und orangen Blüten auf Bildern wie *Der verstorbene Dimas* (1937) und *Mädchen mit Totenmaske* (1938).

Gelbe Rosen sieht man auf einem von Fridas kontroversesten Bildern: *Der Freitod der Dorothy Hale* (1938). Dort stecken sie an Dorothy Hales schwarzem Samtkleid.

Auf dem Bild *Der Traum* (1940) spricht die gelbe Bettdecke – zusammen mit einer skelettartigen Judasfigur und Ranken, die aus Fridas Bett wachsen – eine deutliche Sprache. Auf *Der verstorbene Dimas* (1937) trägt der kleine Junge ein gelbes Gewand.

Zu den faszinierendsten Aspekten von Frida Kahlos Werk gehört seine Symbolik, aus der Frida im Laufe der Jahre eine private, persönliche Sprache entwickelte. Zusammen mit einem Bildvokabular benutzte sie spezifische Farben, um ihre Gedanken und Gefühle zu vermitteln: Grün bedeutete »gutes, warmes Licht«, Magenta erinnerte sie an das »alte Blut der Kaktusfeige«, Marineblau stand für »Distanz«, aber sie sagte auch, »Zärtlichkeit kann von diesem Blau sein«. In Fridas Augen war Gelb oft eine negative Farbe, es erinnerte sie an »Wahnsinn, Krankheit, Angst«. Sie schrieb, dass »alle Geister Gewänder in dieser Farbe tragen, oder zumindest Unterwäsche«. Sie gab aber zu, dass Gelb auch »zum Teil Sonne und Freude« sein konnte.

H wie HENRY FORD HOSPITAL

Am 21. April 1932 kamen Frida Kahlo und Diego Rivera in Detroit an. Diego war vom Detroit Institute of Arts beauftragt worden, eine Serie von Wandbildern zum Thema »Moderne Industrie« zu erstellen. Frida, die gerade schwanger geworden war, dachte wegen ihrer immerwährenden körperlichen Probleme über eine Abtreibung nach, aber sie wünschte sich sehnlich ein Baby und entschied, die Schwangerschaft nicht zu beenden. Zehn Wochen später, am Abend des 3. Juli, bekam sie starke Blutungen. Früh am nächsten Morgen war klar, dass sie eine Fehlgeburt erlitt, und sie wurde mit einem Krankenwagen ins städtische Henry Ford Hospital gebracht. Die Fehlgeburt beeinträchtigte sie sowohl körperlich als auch emotional: Sie lag 13 Tage unter schrecklichen Schmerzen im Krankenhaus, trauerte um ihr verlorenes Baby und versuchte, sich damit abzufinden, dass sie vielleicht niemals Kinder bekommen würde. Aber sie wollte auch arbeiten. Sie bat um Bleistift und Papier und erstellte mithilfe eines medizinischen Lehrbuchs mehrere sorgfältige Studien eines männlichen Fötus. Später in jenem Monat vollendete sie *Henry Ford Hospital* (1932).

Diego fiel auf, dass sich Fridas Kunst nach der Fehlgeburt radikal veränderte: »Frida begann, an einer Reihe von Meisterwerken zu arbeiten, die es in der Kunstgeschichte so noch nie gegeben hatte – Gemälden, die die weiblichen Fähigkeiten des Ertragens der Wahrheit, der Realität, der Grausamkeit und des Leidens feierten. Nie zuvor hatte eine Frau so qualvolle Poesie auf Leinwand gebannt wie Frida zu jener Zeit in Detroit.«

Henry Ford Hospital war eins der ersten Werke, die Frida auf Metall malte, in der Tradition eines mexikanischen Votivbilds.

Wie viele von Fridas Bildern ist *Henry Ford Hospital* ein Selbstporträt. Es zeigt sie nackt auf einem Krankenhausbett liegend, eine einzige Träne im Gesicht, das weiße Laken blutbefleckt. In der Hand hält sie sechs rote Fäden, die surreal in der Luft schweben wie eigenartige Nabelschnüre. An jedem Faden ist etwas festgebunden: ein weiblicher Torso auf einem Ständer, ein männlicher Fötus, eine Schnecke, ein Autoklav (zur Sterilisierung von OP-Besteck), eine lila Blüte und ein menschliches Becken. Die trostlose Atmosphäre wird durch die karge Umgebung noch verstärkt – das Bett steht in einer öden Landschaft mit leerem Himmel und einem Industriegebiet am Horizont. Frida malte sich klein auf dem Bett, allein in ihrer Trauer um das verlorene Kind.

H

steht auch für

Huipil

Eine *huipil* ist eine lockere, quadratisch geschnittene Tunika, normalerweise aus Baumwolle und oft mit komplizierten Mustern bestickt. Wie alle von Fridas Kleidungsstücken erfüllte die *huipil* bei ihr einen doppelten Zweck: Sie verkörperte zum einen Fridas Liebe zur präkolumbianischen mexikanischen Kultur und ließ sie zum anderen die orthopädischen Korsette, die sie tragen musste, um ihre gebrochene Wirbelsäule zu stützen, elegant verdecken.

…

Dorothy Hale

1938 wurde Frida von Clare Boothe Luce beauftragt, ein Porträt ihrer Freundin Dorothy Hale zu malen, einer Schönheit der New Yorker High Society, die sich das Leben genommen hatte. Statt eines traditionellen Porträts beschloss Frida, Dorothys Selbstmord in drei Stadien darzustellen: Zuerst sieht man sie vom Balkon eines Hochhauses treten, dann im freien Fall und schließlich tot auf dem Boden liegend, wobei ihr Blut über den Rand der Leinwand und auf den Rahmen des Bildes rinnt. Als Frida das fertige Gemälde ablieferte, war Clare entsetzt und wollte es zerstören. Glücklicherweise ließ sie sich davon abbringen, und das Bild wurde gerettet.

…

Haarschmuck

Ein Teil von Fridas Tehuana-Image waren ihre kunstvollen Frisuren – sie trug ihre Haare fast immer im traditionellen Flechtstil der zapotekischen Frauen und mit Blumen, Kämmen und Bändern geschmückt. Dafür nahm sie oft frische Zweige von Fuchsien, Bougainvilleen oder Geranien und arbeitete helle Wollfäden oder bunten Stoff ein.

I

steht auch für

Individueller Klang

Wie klang Frida? Wer sie kannte, sagte, ihre Stimme war tief und ein wenig heiser, »melodisch und warm«, unterbrochen von *carcajadas* (Lachen aus vollem Hals). 2019 tauchte in der Nationalen Phonothek von Mexiko die womöglich einzige Tonaufnahme Fridas aus einer Radiosendung von 1954 auf. Einige, auch Mitglieder der Familie Kahlo, bestritten jedoch, dass es sich um Frida handelte: In ihrer Erinnerung hatte sie nicht so geklungen.

…

Imaginäre Freundin

Nachdem Frida an Polio erkrankte, wurde sie von einem extrovertierten, schelmischen Kind zu einem viel ernsteren Mädchen. Zu dieser Zeit hatte sie eine imaginäre Freundin. »Ich muss sechs Jahre alt gewesen sein, als ich eine intensive, imaginäre Freundschaft mit einem etwa gleichaltrigen Mädchen erlebte«, schrieb sie in ihr Tagebuch. »Vierunddreißig Jahre sind seit dieser magischen Freundschaft vergangen, und jedes Mal, wenn ich mich daran erinnere, lebt sie wieder auf und wird in meiner Welt immer größer.«

…

Die indische Frida Kahlo

Zwischen Fridas Leben und dem der Künstlerin Amrita Sher-Gil gibt es verblüffende Parallelen. Amrita war gemischter Abstammung: der Vater indischer Sikh, die Mutter ungarische Jüdin. Sie hatte ihren eigenen Kopf und wurde der Klosterschule verwiesen, als sie erklärte, sie sei Atheistin. Auch sie fühlte sich der Arbeiterklasse verbunden und hatte Affären mit Männern und Frauen. Sie wurde eine bedeutende Malerin, eine Pionierin der Modernen indischen Kunst. Kein Wunder, dass man sie auch »die indische Frida Kahlo« nennt.

Mehr als sechzig Jahre nach ihrem Tod bedeutet Frida für viele verschiedene Menschen viele verschiedene Dinge. Sie wurde zu einer Ikone für Feministinnen, die LGBTQI+-Community Menschen mit Behinderung, Sozialistinnen (und allgemein die politisch linke Szene) sowie chronisch Kranke.

Zwar ist unklar, ob sich Frida selbst mit einer Gruppe am Rand der Gesellschaft identifizierte. Doch die Tatsache, dass sie sich nicht zum Schweigen bringen ließ, und die Art, wie sie ihren persönlichen Stil lebte, sprechen für sich. Bisweilen galt sie als schwierig – mit anderen Worten: Sie wusste genau, was sie vom Leben wollte.

Fridas Freundin Gisèle Freund beschrieb sie als eine Frau, die das Leben liebte und Überheblichkeit verabscheute. »Ihre ganze Persönlichkeit strahlt eine lebendige Intelligenz, einen zutiefst menschlichen Geist und eine überbordende Vitalität aus«, sagte sie. »Sie hasst alles Versnobte, alles Falsche, alles Konventionelle und Affektierte.«

I wie IDENTITÄT

Frida behandelte die Fakten ihres Lebens, als wären sie nur Ausgangspunkte für eine Geschichte, die sie nach Lust und Laune abwandelte und ausschmückte, sodass sie zu ihrer selbst kreierten Identität passte. Sie behauptete, 1910 statt 1907 geboren zu sein, damit ihr Geburtsdatum mit dem Beginn der Mexikanischen Revolution übereinstimmte. Sie variierte die Schreibweise ihres Namens (mal Frida und mal Frieda) oder stellte sich als Carmen vor. Und sie behauptete, väterlicherseits jüdische Vorfahren zu haben. Ob ihr Vater Guillermo Kahlo tatsächlich Jude war, ist in der Forschung umstritten (Frida hat ihre ungarisch-jüdische Abstammung möglicherweise erfunden, um von ihren deutschen Vorfahren abzulenken, für die sie sich während des Zweiten Weltkriegs schämte). Als queere und behinderte Frau mit gemischter Abstammung in einer Zeit, in der jegliche Andersartigkeit misstrauisch beäugt wurde, lief Frida nicht vor ihrer Identität davon: Sie nahm sie an. Ihr war deutlich bewusst, welche Wirkung ein Image haben konnte; sie war geschickt darin, sich selbst zu erschaffen – und ließ sich nie durch Fakten von einer guten Story abbringen.

Frida Kahlo trug an fast jedem Körperteil Schmuck: Kämme im Haar, kunstvolle Ohrringe, mehrere Halsketten, eine Menge Armreifen und Ringe an jedem Finger. Sie bevorzugte drei bestimmte Schmuckstile: historische, schwere Schmuckstücke, oft aus Jade oder anderen Edelsteinen, aus der präkolumbianischen Ära; zarten regionalen Schmuck, meist aus Gold, der zu ihrer traditionellen Tehuana-Tracht passte; und zeitgenössischen Silberschmuck von lokalen Designer*innen und Kunsthandwerker*innen. Sie hatte ein Händchen dafür, diese Teile mit billigem Modeschmuck zu kombinieren, den sie von ihren Reisen mitbrachte, und irgendwie »schaffte sie es, dass es fantastisch aussah«, wie ihre Freundin Julienne Bloch bemerkte.

Frida hatte einen legendären Blick für Schmuck, und ihre Sammlung zeugt von ihrem einzigartigen Geschmack: Armreifen aus den Rändern großer Muscheln, ein präkolumbianischer Anhänger in Form eines geflügelten Wesens, eine lange goldene Halskette mit einer amerikanischen 20-Dollar-Münze von 1903 und ein Paar Ohrringe in der Form von Händen, die ihr Pablo Picasso geschenkt hatte.

Diego kaufte Frida oft Modeartikel und überhäufte sie während ihrer beider Ehen mit Schmuck. Eine schwere, präkolumbianische Jadehalskette lag ihr besonders am Herzen, und sie stellte sich auf mehreren Selbstporträts damit dar.

Obwohl Frida zu Lebzeiten massenweise Schmuck besaß, ist das meiste davon verloren gegangen. Nach ihrem Tod waren Freundinnen und Bewunderinnen angeblich so versessen darauf, etwas von ihr zu besitzen, dass sie den Schmuck von ihrer vor der Verbrennung aufgebahrten Leiche lösten.

Fridas Gewohnheit, mehrere Schmuckstücke übereinander zu tragen, führte dazu, dass sie angeblich »schepperte wie ein Ritter in seiner Rüstung«, wenn sie sich bewegte.

J

steht auch für

Julien Levy Gallery

Fridas erste Solo-Ausstellung fand 1938 in der Julien Levy Gallery in Manhattan statt. Die Ausstellung umfasste 25 Gemälde und wurde von einem Katalog-Essay von André Breton begleitet. In der Pressemeldung wurde Fridas Werk als von »einer ungewöhnlichen weiblichen Offenherzigkeit und Intimität« beschrieben, es sei »zweifellos wichtig und macht sogar ihrem berühmten Ehemann die Lorbeeren streitig«. Über die Ausstellung wurde (nicht nur positiv) in der *New York Times*, der *Vogue* und im *Time*-Magazin berichtet, und etwa die Hälfte der Bilder verkaufte sich – außergewöhnlich viele für die Zeit der Weltwirtschaftskrise.

…

Judasfiguren

Frida und Diego betrachteten *arte popular* (mexikanische Volkskunst) als wahre Kunst und nicht nur als wertlos oder kurios und füllten ihr Zuhause in der Casa Azul mit traditionellen Handarbeiten und Artefakten. Dazu gehörten auch mehrere Judasfiguren – große Puppen aus Pappmaschee, manchmal als Teufel oder Skelette dargestellt, die bei Volksfesten zur symbolischen Reinigung gesprengt oder verbrannt wurden. In der Casa Azul waren Judasfiguren neben Kunst von Frida und Diego ausgestellt, sie hingen von der Decke und sogar über Fridas Himmelbett.

K

steht auch für

Wassily Kandinsky

Während die Surrealistinnen und die Pariser Kunstwelt bei Fridas Besuch 1939 von ihr begeistert waren, zeigte sie sich hingegen weniger beeindruckt. »Du kannst dir nicht vorstellen, was für Miststücke diese Leute sind«, schrieb sie in einem Brief an Nickolas Muray. »Ich könnte kotzen. Sie sind so verdammt ›intellektuell‹ und falsch, dass ich sie nicht mehr ertragen kann.« Wassily Kandinsky war eine seltene Ausnahme. Er war ein großer Fan von Fridas Werk; für ihn hatte es eine »stark surrealistische Note«, und er beschrieb Frida als »sehr charmant«. Diego erinnerte sich, dass Kandinsky bei der Eröffnung von Fridas Ausstellung »von Fridas Bildern so bewegt war, dass er sie direkt vor allen anderen im Ausstellungsraum in die Arme nahm und auf die Wangen und die Stirn küsste, während ihm vor Rührung Tränen übers Gesicht liefen.«

...

Küsse

Von leidenschaftlichen Liebesbriefen über Klatschnachrichten an Freundinnen bis hin zu langen Heimwehbekundungen an ihre Familie – wenn Frida fern von ihrem geliebten Mexiko war, schrieb sie Briefe voller Zuneigung, schwarzem Humor und ungekünsteltem Charme. Sie steckte gepresste Blumen oder bunte Federn zwischen die Bögen und drückte zum Schluss fast immer einen Kuss mit rosa oder rotem Lippenstift aufs Papier.

Wie traditionelle Votivbilder sind Fridas Werke oft kleinformatig und auf Metallplättchen gemalt; zu manchen gehört eine Schriftrolle mit erklärendem Text. Aber Frida ließ immer ihre eigenen Vorstellungen einfließen – bei *Der Freitod der Dorothy Hale* (1938) zum Beispiel untergrub sie das Genre, indem sie nicht wie üblich ein Wunder, sondern eine Tragödie darstellte.

Das Sammeln von Volkskunst passte zu Fridas politisch linksgerichteter Einstellung. Für sie war es eine Möglichkeit, Solidarität mit den Menschen zu bekunden, indem sie die Kunst der Bourgeoisie ablehnte und sich der Kunst von Arbeiterinnen zuwandte, die jedem zugänglich war.

Zwei weitere von Fridas Werken, die Elemente der Volkskunst einbeziehen, sind *Mädchen mit Totenmaske* (1938) und *Der verwundete Tisch* (1940) – beide Gemälde beinhalten Objekte der *arte popular* wie Judasfiguren, Masken und traditionelle Spielsachen.

KUNST

Frida Kahlo wuchs in einer Zeit großer Umbrüche in Mexiko auf. Nach der Mexikanischen Revolution kam ein neues Interesse an präkolumbianischer Kunst auf, aber auch an Kunst von Mitgliedern der Arbeiterklasse sowie an traditionellen indigenen Artefakten und Handarbeiten. Frida und Diego sammelten alte Tolteken-, Maya- und Azteken-Götterfiguren und füllten ihr Zuhause mit *arte popular* – traditioneller mexikanischer Volkskunst, wozu auch seltsame Pappmascheewesen namens *alebrijes*, Votivbilder auf Metall, dekorative Terrakottastatuen, bestickte Textilien und Kinderspielzeug gehören. Im postrevolutionären Mexiko galten solche Dinge nicht als sonderbar oder wertlos; stattdessen stellten sie eine zugängliche Art von Kunst dar, frei von den »elitären Werten« der europäischen Tradition. Das Werk *Vier Einwohner Mexikos* (1938) fasst Fridas Liebe zur *arte popular* zusammen. Darauf malte sie sich selbst als Kind, begleitet von vier Gestalten: einer präkolumbianischen nayaritischen Götterfigur, einer Judasfigur, einem Tonskelett und einem Reiter aus Stroh. Für jede Figur stand ein mexikanisches Artefakt Modell, das Frida und Diego tatsächlich besaßen, und jede repräsentiert eine Facette der mexikanischen Identität.

L wie LOYALITÄT

Frida Kahlo wurde in eine Zeit des Umschwungs hineingeboren. Die Mexikanische Revolution begann 1910, als Frida drei Jahre alt war, und dauerte fast ein Jahrzehnt. Bis sie ein Teenager war, hatten sich die mexikanische Politik und Kultur gravierend verändert. Eine neue Verfassung führte zu Reformen wie besseren Bedingungen für Arbeiterinnen, gleicher Bezahlung für Frauen und der Einführung sozialistischer Ideale. Frida befasste sich ihr Leben lang leidenschaftlich mit politischen Gemeinschaften, und ihre Beziehung zu Diego Rivera bestärkte sie in ihren Prinzipien. In den 1930er-Jahren überzeugten sie den mexikanischen Präsidenten Lázaro Cárdenas, Trotzki und seiner Frau Natalja Sedowa politisches Asyl zu gewähren. Im Exil lebten die Russen bei Frida und Diego, Trotzki verliebte sich in Frida, und die beiden hatten eine Affäre. Letztendlich stritt sich Diego wegen politischer Meinungsverschiedenheiten mit Trotzki und sympathisierte wieder mit Stalin.

Bei Fridas Totenwache 1954 im Palacio de Bellas Artes (Palast der Schönen Künste) legte Diego die Fahne der Mexikanischen Kommunistischen Partei über ihren Sarg.

In ihren letzten Tagen malte Frida *Der Marxismus wird die Kranken heilen*. Darin stellte sie Karl Marx als ein gottähnliches Wesen dar, das sich vom Himmel herunterbeugt, um sie mit den Händen zu umschließen, während es zugleich einen amerikanischen Adler erwürgt, der für Kapitalismus und Imperialismus steht.

Frida hasste sowohl den Faschismus als auch den Kapitalismus. Sie glaubte, dass nur der Sozialismus für eine bessere, friedlichere Welt sorgen könne.

1952 schrieb Frida in ihr Tagebuch: »Ich bin jetzt Kommunistin … Ich habe die Geschichte meines Landes und die fast aller Nationen gelesen. Ich kenne ihre Klassenkonflikte und Volkswirtschaften. Ich verstehe klar die materialistische Dialektik von Marx, Engels, Lenin, Stalin und Mao Tse. Ich bewundere sie als Säulen der neuen kommunistischen Welt …«

steht auch für

La Llorona

La Llorona (»die Weinende«) ist eine tragische Figur aus der Tehuantepec'schen Folklore. Betrogen und verlassen von dem Mann, den sie liebte, ermordete sie vor Wut und Trauer ihre Kinder und wurde verdammt, für immer über die Erde zu irren. Die Geschichte beinhaltet die Themen Liebe, Untreue und Schmerz, daher verwundert es nicht, dass Frida sich mit der Sage identifizierte.

…

Jacqueline Lamba

Während Frida für André Breton wenig übrig hatte, verstand sie sich großartig mit seiner zweiten Frau Jacqueline Lamba. Jacqueline war Malerin wie Frida und stand wie Frida im Schatten ihres berühmten Ehemannes. »Das Problem mit El Señor Breton ist, dass er sich so ernst nimmt«, sagte Frida einmal. Jacqueline hingegen war so lebendig und charmant wie Frida selbst. Zwischen den beiden entstand eine Freundschaft, die sie durch Treffen in Mexiko und Frankreich und zahlreiche Briefe aufrechterhielten.

…

Julien Levy

Der Fotograf, Kunsthändler und Galeriebesitzer Julien Levy war ein großer Unterstützer von Fridas Arbeit und organisierte ihre erste Solo-Ausstellung in New York City. Er war ganz vernarrt in sie und möglicherweise hatten die beiden eine Affäre – eine Serie von Fotos, auf denen sich Frida mit nackter Brust wie eine zapotekische Frau und nur mit ihren Tehuana-Röcken bekleidet die Haare flicht, deutet jedenfalls auf ein intimes Verhältnis zwischen den beiden hin.

M

steht auch für

Nickolas Muray

Eine von Fridas ernsteren Liebesaffären war der gut aussehende, in Ungarn geborene Künstler Nickolas Muray. Sie lernten sich 1931 in Mexiko kennen und trafen sich wohl zunächst heimlich. Die Affäre blühte in New York auf, und ihre Leidenschaft wurde in den vielen Briefen festgehalten, die sie einander schickten. »Geh mit niemandem ins Bett, wenn es nicht sein muss«, schrieb Frida aus Paris. »Nur, wenn du ein wahres F. W. [fucking wonder] findest, das du aber *nicht liebst.*« Nickolas machte unzählige Fotos von Frida, darunter leuchtende Farbporträts, intime Schwarz-Weiß-Aufnahmen und eine bewegende Dokumentation ihrer körperlichen Probleme.

…

Adolfo Best Maugard

Adolfo Best Maugard war ein Künstler mit großem Einfluss auf das postrevolutionäre Mexiko und etwa gleichaltrig mit Diego Rivera. Er schrieb mehrere maßgebliche Bücher über präkolumbianische Kunst und war an der Einführung neuer Unterrichtsmethoden in mexikanischen Schulen beteiligt. Seine Ideen beeinflussten eine ganze Generation mexikanischer Künstlerinnen – auch Frida Kahlo.

…

Madonna

Eine der größten Bewunderinnen von Fridas Werk ist ebenfalls eine Ikone: Madonna. Die Queen of Pop besitzt mindestens zwei Gemälde von Frida – *Selbstporträt mit Affe* (1940) und *Meine Geburt* (1932). »Wenn jemandem dieses Bild nicht gefällt«, sagte Madonna 1990 in der Zeitschrift *Vanity Fair* über Letzteres, »dann weiß ich, dass ich mit dieser Person nicht befreundet sein kann.«

Nach der Revolution wurde aus der gemischten indigenen und spanischen Kolonialgeschichte des Landes etwas, was als eindeutig mexikanisch gefeiert wurde. Frida und Diego nannten diese Identität »Mexicanidad« – ein Gefühl von Nationalismus und Stolz auf die mexikanische Kunst und Kultur und der Blick in Richtung einer postrevolutionären, modernen, visionären Zukunft.

»Schon lange ist es mein größter Wunsch zu reisen«, schrieb Frida 1927 in einem Brief an Alejandro Gómez Arias – später jedoch, als sie tatsächlich reiste, fühlte sie sich in anderen Ländern fremd. Sie verabscheute den Kapitalismus von Amerika und die gekünstelte Bohème in Frankreich und vermisste Mexiko schmerzlich.

Fridas Vermächtnis ist heute ein wesentlicher Bestandteil der mexikanischen Kultur. Nach ihrem Tod schenkte Diego die Casa Azul und sein eigenes Anahuacalli-Museum der mexikanischen Bevölkerung; beide wurden öffentliche Museen, an denen sich jeder erfreuen kann. Sowohl Frida als auch Diego erschienen von 2010 bis 2018 auf dem mexikanischen 500-Peso-Schein – was sie als eingeschworene Kommunisten ziemlich amüsant finden dürften.

Fridas Gemälde *Selbstbildnis auf der Grenze zwischen Mexiko und den USA* (1932) fasst zusammen, wie sie ihr Heimatland sah: Sie stellt die USA als Industrieland voller Fabrikschlote und Wolkenkratzer dar, während Mexiko beschaulich, ländlich und durch sprießende Pflanzen und natürliche Schönheit gekennzeichnet ist.

M wie MEXIKO

In Frida Kahlos prägenden Jahren befand sich Mexiko im Umbruch. Während ihrer Kindheit fand die zehnjährige Mexikanische Revolution statt, die zu Gewalt, Instabilität und radikalen Reformen führte. Als Frida *Vier Einwohner Mexikos* (1938) malte, stellte sie sich als Kind auf einem verlassenen Dorfplatz dar: »Leer, mit wenigen Menschen«, sagte sie, »denn zu viel Revolution hat Mexiko leer gefegt.« Während Porfirio Díaz' dreißigjähriger Diktatur hatte sich das Land an der europäischen Kultur und Lebensart orientiert. Häuser wurden im monumentalen neoklassizistischen Stil gebaut, elegante Restaurants servierten französische Küche, und die Frauen folgten den neusten europäischen Modetrends, während die indigene mexikanische Kultur verachtet wurde. Doch in den frühen 1920ern, nach Präsident Álvaro Obregóns Amtsantritt und José Vasconcelos' Ernennung zum Bildungsminister, wandelte sich die Stimmung: Mexiko sollte wieder auf »unserem Blut, unserer Sprache, unseren Menschen« aufgebaut werden, wie Vasconcelos sagte. Frida griff diesen reformerischen Eifer bereitwillig auf, und ihre Liebe zur indigenen mexikanischen Kultur zeigte sich in allen Aspekten ihrer Kunst und ihres Lebens.

N wie NATUR

Frida und ihre Pflanzen waren in ihrem Leben wie in ihrer Kunst unzertrennlich. Als Kind sammelte sie mit ihrem Vater Pflanzen in den Parks von Coyoacán und nahm sie mit nach Hause, um sie abzuzeichnen, zu zerlegen und unter Guillermos Mikroskop zu betrachten. Später füllte sie den Hof der Casa Azul mit in Mexiko einheimischen Pflanzen und Blumen: stacheligen Kakteen, Kaktusfeigen, Yuccas, Aloen, goldenen Ringelblumen, Bougainvilleen, leuchtenden Fuchsien, Sonnenblumen, Zinnien, Dahlien. Sie schmückten ihren Tisch und ihr Haar und dienten ihr als Inspiration für ihre Kunst. Auf vielen Selbstporträts stellte sich Frida von der Natur umgeben dar – von Blumen, Früchten, Pflanzen, Vögeln, Insekten und Tieren – oder sogar mit der Natur verschmelzend. 1944 schrieb sie in ihrem Tagebuch vom »pflanzlichen Wunder der Landschaft meines Körpers«, und auf dem Bild *Wurzeln* (1943) malte sie, wie eine Pflanze aus ihrem Oberkörper sprießt: Sie liegt in ihrem Tehuana-Gewand auf der Erde, während grüne Ranken aus ihrer Brust herauswachsen. Ihr Blut rinnt in den Boden und bildet Wurzeln, die die Erde nähren. Dazu schreibt Hayden Herrera in ihrer Frida-Biografie: »So wird Frida eine Quelle des Lebens, verwurzelt in der trockenen Erde Mexikos.«

Frida verfasste einmal einen Essay, in dem sie Diego mit erstaunlich tierischen Begriffen beschrieb. Seine Augen, sagte sie, seien wie die eines Frosches, und auch »wenn man ihn nackt sieht, muss man sofort an einen jungen Frosch denken, der auf den Hinterbeinen steht. Seine Haut ist grünlich weiß, ganz ähnlich wie die eines Wassertiers …«

Für Frida besaßen alle Gaben der Natur eine Art symbolische Kraft. »Früchte sind wie Blumen«, sagte sie einmal. »Sie sprechen in einer provokativen Sprache mit uns und verraten uns versteckte Dinge.«

Die Pflanzen waren nicht einfach nur dekorative Motive, sondern kraftvolle Symbole für Fridas sexuelle Identität und persönliche Einstellung. Sie benutze Früchte oft als sexuelle Metaphern und malte halbierte Guaven, Mangos, Wassermelonen, Sapodillen und Mammiäpfel, deren offenes Inneres weiblichen Genitalien ähnelt.

Burbank

Frida bewies ihre Liebe zur Natur auch dadurch, dass sie ein Porträt des Wissenschaftlers und Pflanzenzüchters Luther Burbank malte. Sie war von seinen Pflanzen- und Gemüsekreuzungen beeindruckt und stellte ihn als halb Mensch und halb Baum dar – ein hybrides Wesen, das seine Nahrung von der Erde erhält und eines Tages zu ihr zurückkehren wird.

Emmy Lou Packard, die in San Ángel mit dem Paar zusammenlebte, erinnerte sich, dass »Frida den Tisch für Diego jeden Tag in ein Stillleben verwandelte«, indem sie riesige Blumensträuße vom Markt darauf arrangierte. Besonders gern mochte sie Ringelblumen, blaue und weiße Iris, rote Zinnien, Dahlien, Callas und Veilchen.

N

steht auch für

New York

Frida und Diego gingen 1931 nach New York, da Diego eingeladen wurde, seine Werke in einer Retrospektive im Museum of Modern Art zu zeigen. Er liebte die Stadt und die prachtvolle Welt der New Yorker Gesellschaft, aber für Frida war es eine verstörende Erfahrung. »Die High Society stößt mich ab, und ich hege einen ziemlichen Groll gegen all die reichen Leute hier, denn ich habe Tausende im größten Elend gesehen, ohne etwas zu essen oder einen Ort zum Schlafen«, schrieb sie in einem Brief. »Es ist erschreckend zu sehen, wie die Reichen Tag und Nacht feiern, während viele tausend Menschen verhungern …«

…

Isamu Noguchi

Auch der renommierte Bildhauer Isamu Noguchi war einer von Fridas Liebhabern. »Da Diego als Frauenheld bekannt war, kann man ihr keinen Vorwurf daraus machen, dass sie sich mit Männern traf«, sagte Isamu einmal. »Damals hatten wir alle einfach mehr oder weniger unseren Spaß …« Die beiden hatten eine kurze, leidenschaftliche Affäre, die angeblich endete, als Diego in der Casa Azul eine Socke von Isamu fand und drohte, seinen Rivalen zu erschießen.

…

Nacktheit

Obwohl Frida Schwierigkeiten mit ihrem Körper hatte, stellte sie sich auf Bildern oft nackt dar. Mal, um ein Gefühl der Intimität zu erzeugen, mal, um zu schockieren, mal ganz nüchtern, mal mit frechem Augenzwinkern. Bei der Darstellung ihres nackten Körpers geht es nie um den männlichen Blick. Sie malte sich, wie sie sich sah: gebrochen, unvollkommen, verletzlich.

O

steht auch für

Dolores Olmedo
Dolores Olmedo Patiño war 17, als sie Diego in einem Aufzug im Bildungsministerium begegnete. Ihre Freundschaft hielt ein Leben lang. Dolores wurde eine bedeutende Kunstsammlerin und kaufte Werke von Diego und Frida, obwohl sie mit ihr Probleme hatte. »Ich verstand mich nicht mit [ihr]«, sagte sie der *New York Times*. »Na ja, sie stand auf Frauen, ich auf Männer, und ich war keine Kommunistin.« Auf Diegos Wunsch hin verwaltete sie nach Diegos Tod 1957 den Besitz beider Künstlerinnen.

...

Juan O'Gorman
Obwohl Frida und Diego viele Jahre in der Casa Azul lebten, wohnten sie auch eine Zeit lang in einem auffallend modernen Haus in San Ángel, entworfen von Joan O'Gorman. Es bestand aus zwei separaten, über eine Dachbrücke verbundenen Gebäuden. Diegos rosa gestrichene Seite war geräumig und großzügig, Fridas Teil war kleiner, privater und blau gestrichen. Später, 1943, entwarf Juan auch Anahuacalli, ein ehrgeiziges Atelier-Museum, das Diegos Sammlung präkolumbianischer Kunst beherbergen sollte.

...

Álvaro Obregón
Nach zehnjähriger gewaltsamer Revolution wurde 1920 Álvaro Obregón Präsident und sorgte für wirtschaftliche, soziale und politische Reformen. Er gründete das Bildungsministerium, förderte die unteren Klassen und ließ Tausende Schulen und öffentliche Bibliotheken bauen. Obregón trug dazu bei, eine neue Ära einzuläuten, in der die mexikanische Identität einen hohen Stellenwert hatte und Kunst und Kultur aufblühten.

Angeblich hat Diego Lucienne Bloch einmal erzählt, dass Frida »eine Homosexuelle« sei, und sich erinnert, dass sie in Alfred Stieglitz' Galerie in New York mit Georgia »geschäkert und geflirtet« habe.

Zwar malten beide Künstlerinnen sinnliche Darstellungen von Pflanzen und Blumen, aber Georgia bestritt immer, dass ihre Werke als sexuelle Anspielungen interpretiert werden sollten. Sie sah ihre Bilder einfach als eine leidenschaftliche Antwort auf die Natur.

Ist dieser Brief der Beweis dafür, dass die beiden mehr als nur Freundschaft verband? Er ist zwar nicht so heißblütig wie manch andere von Fridas Liebesbriefen, enthält aber gewisse Anspielungen. »Ich habe viel an dich gedacht und vergesse nie deine wundervollen Hände und die Farbe deiner Augen«, schrieb sie. Und später: »Ich wäre so glücklich, wenn du mir auch nur zwei Worte schreiben könntest. Ich mag dich sehr, Georgia.«

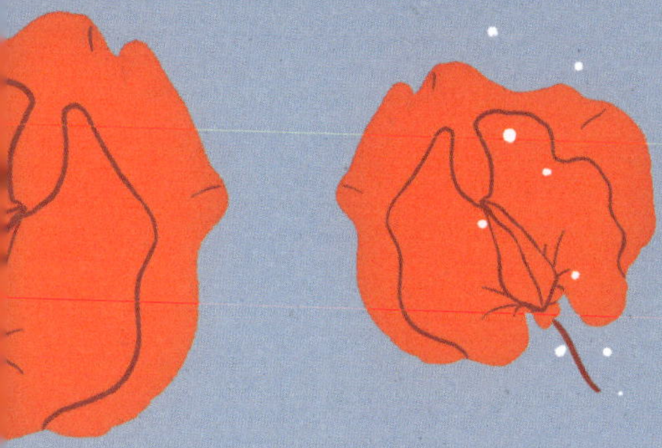

O wie

GEORGIA O'KEEFFE

Georgia O'Keeffe und Frida Kahlo waren Zeitgenossinnen und hatten viel gemeinsam. Beide waren bemerkenswerte Künstlerinnen. Beide hatten Ehemänner, deren Karriere ernster genommen wurde als ihre eigene. Beide drückten Sexualität und Sinnlichkeit mithilfe der Natur aus. Beide hatten gesundheitliche Probleme – Frida mit ihren unzähligen körperlichen Leiden, Georgia mit Depressionen. Die zwei Frauen lernten sich Anfang der 1930er in New York kennen, und 1933, kurz nachdem Georgia wegen eines Nervenzusammenbruchs ins Krankenhaus eingeliefert worden war, schrieb Frida ihr einen herzlichen Brief, in dem sie ihre große Bewunderung für die Künstlerin ausdrückte: »Jeden Tag, seit ich dich anrief, und auch schon viel früher, vor Monaten, wollte ich dir einen Brief schreiben. Ich habe viele geschrieben, aber jeder erschien mir noch dümmer und leerer, und ich zerriss sie alle.« Frida berichtete von ihrem Leben in Detroit, ihrer Arbeit, ihren Schwierigkeiten und beendete den Brief dann mit: »Falls du noch im Krankenhaus bist, wenn ich zurückkomme, bringe ich dir Blumen vorbei, aber die, die ich dir schenken möchte, sind so schwer zu finden.«

P wie PRIVATER ZOO

Frida Kahlo liebte Tiere und die Natur und hielt viele Haustiere in der Casa Azul – unter anderem Hunde, Katzen, Klammeraffen, Enten, Papageien, Adler, Schildkröten, Truthähne und ein Reh namens Granizo (was »Hagel« bedeutet; vermutlich erinnerten seine weißen Punkte Frida an Hagelkörner).
Sie verewigte ihre Haustiere oft auf ihren Selbstporträts und anderen Bildern. Granizo erscheint auf *Der verwundete Tisch* (1940) und verschmilzt mit Frida in *Der verletzte Hirsch* (1946), während ihr Lieblingshund Señor Xólotl auf noch mehr Bildern unsterblich wurde, unter anderem *Die Liebesumarmung von Universum, Erde (Mexiko), mir, Diego und Señor Xólotl* (1949). Am längsten hielt ihre Begeisterung für ihre Klammeraffen an: Sie malte ganze acht Selbstporträts mit den Tieren und nahm dabei ihre Lieblinge Fulang-Chang und Caimito de Guayabal als Modelle.

Zu Fridas weiteren tierischen Musen gehörten der zahme Adler Gertrude Caca Blanca, angeblich so benannt nach den weißen Häufchen, die er überall im Hof der Casa Azul hinterließ, und ein großer Amazonenpapagei namens Bonito (»der Schöne«), der sich mit Tequila betrank und jeden beschimpfte.

Frida hielt insgesamt sieben Xoloitzcuintle-Hunde, von denen viele nach Mitgliedern des Politbüros (dem Führungsgremium der Kommunistischen Partei) benannt waren. Da sich die Rasse bis zu den Azteken zurückverfolgen lässt, betrachtete Frida sie als Symbole ihres Nationalismus.

»Ich kannte niemanden, in dessen Haus es so merkwürdig zuging wie bei den Riveras«, erinnerte sich Ella Wolfe, eine Freundin. »Beim Mittagessen kamen Affen zum Fenster herein. Sie sprangen auf den Tisch, klauten sich etwas zu essen und verschwanden wieder.«

P

steht auch für

Polio

Mit sechs Jahren erkrankte Frida an Polio. Ihr rechtes Bein wuchs dadurch langsamer, ihr linkes Bein entwickelte sich normal. Um die Asymmetrie zu verbergen, trug sie an ihrem dünneren, kürzeren Bein drei oder vier Socken und einen Schuh mit erhöhtem Absatz. Der Zustand ihres geschwächten Beins verschlechterte sich im Lauf ihres Lebens, und es bildete Geschwüre und Tumore. Zudem wurde es von einer Gangrän befallen, weshalb erst zwei Zehen, dann das Bein ab dem Knie amputiert werden mussten.

...

Porträts

Frida ist für ihre Selbstporträts bekannt, doch sie malte auch oft die Leute um sie herum: Freundinnen und Menschen, die sie liebte und verehrte. Diego war ein häufiges Modell, ebenso wie ihre Familie: Sehr früh in ihrer Karriere malte sie ihre Schwestern Adriana und Cristina und verewigte später auch ihren Vater. Sie malte oft Menschen, die sie bewunderte, wie ihre Ärzte Leo Eloesser und Juan Farill, den Botaniker Luther Burbank und Politiker wie Marx und Lenin.

...

Emmy Lou Packard

Diego sagte einmal über Emmy Lou Packard, sie habe »das Gesicht eines französischen gotischen Engels aus den Reliefs von Chartres«. Emmy Lou war eine talentierte Künstlerin, arbeitete als seine Assistentin und wurde später selbst Wandmalerin. Sie war eng mit dem Paar befreundet und wohnte fast ein Jahr lang bei ihnen in San Ángel. In ihren unveröffentlichten Memoiren erinnerte sie sich, dass Diego Frida immer verehrte: »Er sagte oft: ›Sie malt besser als ich.‹«

Q

steht auch für

Queer-Ikone
Fridas Leben war von intensiven Beziehungen geprägt – insbesondere mit Diego, aber auch mit zahlreichen anderen männlichen wie weiblichen Liebespartnerinnen. Gerüchten zufolge gehören zu ihren Liebhaberinnen Josephine Baker, Georgia O'Keeffe, Chavela Vargas, Teresa Proenza, Dolores del Río, Paulette Goddard und Maria Félix, von denen einige auch mit Diego liiert waren. Diego unterstützte Fridas gleichgeschlechtliche Affären, weil er sich dadurch in seiner Männlichkeit weniger bedroht fühlte als durch ihre Verhältnisse mit anderen Männern.

…

Quälende Korsette
Frida musste fast ihr ganzes Leben lang orthopädische Korsette tragen, die ihre gebrochene Wirbelsäule stützen sollten. Sie machte Kunstwerke daraus und bemalte sie mit bunten Blumen, Tigern, Affen, Vögeln und einmal auch einem Fötus sowie Hammer und Sichel von der sowjetischen Flagge.

…

Quechquemitl
Zur traditionellen Tracht einer indigenen Mexikanerin gehört auch ein *quechquemitl*, ein geschlossenes Schultercape, das oft bei Ritualen in der prähispanischen Ära zusammen mit einer *huipil* und einem langen Wickelrock getragen wurde. Frida liebte indigene mexikanische Kleidung und trug daher oft ein *quechquemitl* aus Puebla, das mit Fruchtbarkeitssymbolen verziert war.

Q wie Quelle der Inspiration

Poetisch, ehrlich und mit einem Sinn für schwarzen Humor – Frida Kahlo nahm kein Blatt vor den Mund. Sie sprach Spanisch und Englisch und fluchte in beiden Sprachen fließend. Sie hatte Spaß daran, andere mit ihrem Gossenvokabular zu schockieren, und manchmal versuchte sie absichtlich, mit ihrer Scharfzüngigkeit zu provozieren. Als sie zum Beispiel mit Diego in Detroit war, wurde sie bei einer Dinnerparty neben den Industriellen und Großunternehmer Henry Ford platziert, der als Antisemit bekannt war. Gespielt unschuldig fragte Frida: »Mister Ford, sind Sie Jude?« Sie war sehr direkt von Angesicht zu Angesicht und noch direkter in ihren Briefen und Tagebüchern, wo sie ihr Herz ausschüttete. In ihren Schriften zeigt sich eine Frau, die alles intensiv erlebte – sie liebte leidenschaftlich, litt schmerzlich unter Verlust und hatte zu fast allem eine Meinung. Frida sprach immer, wie sie malte: aus dem Herzen freiheraus, um der außergewöhnlichen Liebe und Tragik ihres Lebens Ausdruck zu verleihen.

DIEGO RIVERA

»Ich erlitt zwei schwere Unfälle in meinem Leben«, schrieb Frida Kahlo einmal. »Beim einen wurde ich von einer Straßenbahn überfahren … Der andere Unfall ist Diego.« Diego María de la Concepción Juan Nepomuceno Estanislao de la Rivera y Barrientos Acosta y Rodríguez – besser bekannt als Diego Rivera – wurde am 8. Dezember 1886 geboren. Er begann sehr früh zu zeichnen und besuchte mit 12 Jahren Abendkurse an der Academia de San Carlos in Mexiko-Stadt. Dann erhielt Diego ein Stipendium, um in Vollzeit an der Academia de San Carlos zu studieren. Zu seinen Lehrern gehörten Félix Parra, Santiago Rebull und José María Velasco. Er wurde bald einer der berühmtesten Künstler Mexikos. Diego war ein Mann mit gewaltigem Appetit: auf Frauen, Essen, Ruhm, Politik und seine Arbeit. Als Frida ihn kennenlernte, hatte er bereits Kinder von drei Frauen und war mit zweien davon verheiratet gewesen.
Diego war über dreißig Zentimeter größer als Frida, wog dreimal so viel wie sie und war doppelt so alt. Es ist vielleicht nicht verwunderlich, dass Fridas Familie von der Beziehung nicht begeistert war und die Verbindung die »eines Elefanten mit einer Taube« nannte.

Diego war nach Fridas Tod am Boden zerstört. In seiner Autobiografie schrieb er: »Der 13. Juli 1954 war der tragischste Tag meines Lebens. Ich hatte meine geliebte Frida für immer verloren … Zu spät erkannte ich, dass das Wundervollste an meinem Leben meine Liebe zu Frida gewesen war.«

Diego liebte Frida leidenschaftlich und war felsenfest überzeugt von ihrem künstlerischen Talent. »Ich empfehle sie Ihnen, jedoch nicht als ihr Ehemann, sondern als ein großer Bewunderer ihres Werks«, schrieb er vor ihrer Solo-Ausstellung in New York an einen Kunstsammler und beschrieb ihre Arbeit als »scharf und zärtlich, stahlhart und zart und fein wie ein Schmetterlingsflügel, liebenswert wie ein schönes Lächeln und tief und grausam wie die Bitterkeit des Lebens.«

Diego war der Meinung, dass man das Leben so intensiv wie möglich genießen sollte. »Nimm dir vom Leben alles, was es dir gibt, was auch immer es sein mag, solange es interessant ist und dir Freude bereitet«, schrieb er an Frida, als sie in Paris war. »Wenn du mich wirklich glücklich machen willst, denk daran, dass nichts mir mehr Freude bereiten kann als zu wissen, dass du glücklich bist.«

»Diego liebt dich sehr, und du liebst ihn«, schrieb Dr. Leo Eloesser an Frida, als sie litt, nachdem sie von Diegos Affäre mit ihrer Schwester Cristina erfahren hatte. »Aber es stimmt auch, und das weißt du besser als ich, dass er neben dir noch zwei große Lieben hat: erstens das Malen und zweitens die Frauen allgemein. Er war nie und wird auch nie monogam sein.«

Drei Jahre nach Fridas Tod starb Diego an Krebs. Zu Lebzeiten war er viel berühmter als Frida. Heute ist das Gegenteil der Fall.

R

steht auch für

Rebozo
Man sah Frida selten ohne ihren *rebozo*, einen großen Schal, den sie um die Schultern trug und der zur mexikanischen Tracht der Kolonialzeit gehört. In manchen Teilen Mexikos schenkt der Mann der Frau, die er heiraten will, statt einem Ehering einen *rebozo*. Gut möglich also, dass Fridas *rebozo* nicht nur ein Symbol ihrer Liebe zur mexikanischen Kultur, sondern auch zu Diego selbst war.

…

Edward G. Robinson
Edward G. Robinson war vor allem für seine Gangster- und Harte-Kerle-Rollen bekannt. Er war aber auch ein leidenschaftlicher Kunstsammler. In den 1930ern reiste er nach Mexiko-Stadt und besuchte Diego in seinem Atelier, wo er auch auf Fridas Arbeit stieß. Er kaufte vier ihrer Bilder für je 200 Dollar und wurde so einer ihrer allerersten Käufer.

…

Resplandor
Ein *resplandor* ist ein Kopfschmuck aus gestärkter Spitze, der von Frauen in der Region des Isthmus von Tehuantepec im südlichen Mexiko zu festlichen Gelegenheiten wie Hochzeiten, Feiertagen und Prozessionen getragen wird. Frida besaß mindestens zwei davon und malte sich zweimal mit dem beeindruckenden Schleier.

…

Revlon
Fridas bevorzugte Make-up-Marke war Revlon: Sie trug Rouge in »Clear Red«, einen rubinfarbenen Lippenstift in »Everything's Rosy« und lackierte sich die Nägel mit »Raven Red«, »Frosted Pink Lightning« und »Frosted Snow Pink«. Ihre berühmte Monobraue betonte sie mit einem Augenbrauenstift in »Ebony«.

S

steht auch für

San Francisco
Frida und Diego reisten 1930 nach San Francisco. Während Diego an seinen Wandbildern arbeitete, erkundete Frida die Stadt. Die USA gefielen ihr zunächst nicht. »Ich mag die Gringos nicht besonders«, schrieb sie in einem Brief. »Sie sind langweilig und haben alle Gesichter wie ungebackene Brötchen.« Die Menschen in San Francisco hingegen waren von ihr begeistert. »Sie sorgt für viel Aufregung in den Straßen von San Francisco«, erinnerte sich der Fotograf Edward Weston. »Die Leute bleiben stehen und bewundern sie.«

…

Stillleben
Ab 1952 malte Frida verstärkt Stillleben. Ihre Lieblingsmotive waren Früchte und Blumen (sowie Puppen, Insekten und Tiere), die sie in leuchtenden Farben und mit sorgfältigen Pinselstrichen darstellte. Manchmal fügte sie politische Symbole oder visuelle Zweideutigkeiten hinzu: Aufgeschnittene Früchte erinnern an weibliche Genitalien, und saftige Pflanzen, aus denen Staubblätter sprießen, spielen auf Sex und Fruchtbarkeit an. »Frida Kahlo de Riveras Gemälde sehen aus wie D. H. Lawrence auf Leinwand«, schrieb die Vogue 1938, »sie strotzen nur so vor Fruchtbarkeit und Blut.«

…

Shocking
Fridas Duft war »Shocking« von Elsa Schiaparelli, ein Parfüm, das bei seiner Markteinführung schockierte, weil das Fläschchen weibliche Kurven hatte. Das Parfüm bestand aus den Kopfnoten Jasmin und Honig über einer Basisnote aus Nelken und Zibet – Freunde wussten stets, dass Frida in der Nähe war, wenn sie Honig und Nelken rochen.

In der Öffentlichkeit unterstützte Frida die Verbindungen ihrer Arbeit mit dem Surrealismus, aber sie beanspruchte den Begriff nie selbst für sich. »Ich hatte keine Ahnung, dass ich Surrealistin bin, bis André Breton nach Mexiko kam und es mir sagte«, erzählte sie.

Breton beschrieb Fridas Werk als »eine Schleife um eine Bombe«.

Privat war Frida alles andere als begeistert von dem, was sie in Frankreich vorfand – ihr erschienen die Surrealistinnen spießig und überheblich. »Ich würde lieber auf dem Markt von Toluca auf dem Boden sitzen und Tortillas verkaufen, als irgendwas mit diesen ›Künstlerschlampen‹ von Paris zu tun zu haben«, schrieb sie in einem Brief.

Frida sagte, sie sehe sich nicht als Surrealistin, weil sich die Bewegung nicht mit ihren sozialistischen Idealen vereinbaren lasse. »Ich verabscheue den Surrealismus«, schrieb sie. »Mir erscheint er wie eine Ausdrucksform bourgeoiser Kunst. Eine Ablenkung von der wahren Kunst, die sich die Menschen vom Künstler wünschen … Ich möchte den Menschen, zu denen ich gehöre, und den Ideen, die mir Kraft geben, mit meinen Bildern gerecht werden.«

SURREALISMUS

1938 kam André Breton nach Mexiko, ein Land, das er später die »surrealistische Umgebung par excellence« nennen sollte. Der französische Surrealist war fasziniert von der in seinen Augen »exotischen« mexikanischen Kultur und ebenso von Frida Kahlo – er fand, ihr Werk habe eine »reine Surrealität«, und erklärte sie sofort zu einer Art naiven Surrealistin, deren Arbeit spontan und unabhängig die Ideen und Anliegen der französischen Bewegung reflektiere. Der Surrealismus war damals groß in Mode, und seine Anhängerinnen in Paris nahmen ihn sehr ernst. Ganz im Gegensatz zu Frida. »Ich benutze den Surrealismus, um mich über andere lustig zu machen, ohne dass sie es merken, und mich mit jenen anzufreunden, die es merken«, sagte sie. Fridas Werk hatte zwar einiges mit dem Surrealismus gemeinsam, zum Beispiel die Arbeit mit symbolischen Assoziationen und die Konzentration auf den weiblichen Körper, aber sie interessierte sich weniger für die unterbewusste Welt der Träume und des Irrationalen, die die Surrealistinnen so sehr beschäftigte. Die überraschende Bildsprache in Fridas Arbeit ähnelte manchmal einem surrealistischen Traum, doch eigentlich ging es ihr darum, ihre außergewöhnlichen Lebensumstände darzustellen.

T wie Tehuana-Tracht

Frida Kahlo trug nicht immer die auffälligen, bunten mexikanischen Kleider, für die sie heute bekannt ist. In ihrer Jugend wählte sie oft einfache Arbeiterkleidung, die zu ihren kommunistischen Idealen passte, und es gibt sogar Fotos von ihr in Jeans. »In einer anderen Phase ließ ich mir die Haare abrasieren und zog mich wie ein Junge an, mit Hosen, Stiefeln und einer Lederjacke«, erinnerte sie sich. »Aber wenn ich mich mit Diego traf, trug ich ein Tehuana-Kleid.« Nach der Hochzeit mit Diego sah man sie fast nur noch in Tehuana-Kleidung. Entsprechend der Tradition aus Oaxaca, woher die Familie ihrer Mutter stammte, trug sie aufwendig verzierte lange Röcke namens *enagua*, quadratisch geschnittene *huipiles*-Blusen und schmückte ihr geflochtenes Haar mit Blumen und bunter Wolle. Dazu kombinierte sie lange Goldketten namens *torzales*, Korallenperlen und kunstvolle Ohrringe. All das mischte sie mit Trachten aus anderen Teilen von Mexiko sowie Guatemala und China. Die indigene Kleidung diente Frida in vielerlei Hinsicht: Die langen Röcke und Blusen kaschierten ihre körperlichen Beeinträchtigungen und die Korsette, die sie tragen musste, und waren zugleich Symbole für ihren Nationalstolz. Tehuantepec'sche Frauen waren in Mexiko für ihre Schönheit, Furchtlosigkeit, Stärke und Intelligenz bekannt – Eigenschaften, die definitiv auch auf Frida zutreffen.

Fridas Kleidungsstil erregte nicht nur positive Aufmerksamkeit. Eine Freundin erinnerte sich, wie Kinder in San Francisco ihr Äußeres so fremdartig fanden, dass sie ihr durch die Straßen folgten und fragten: »Wo ist der Zirkus?«

2018 präsentierte das Victoria and Albert Museum *Frida Kahlo: Making Her Self Up*, eine Ausstellung von Fridas persönlichen Besitztümern und ihrer Kleidung. Im Vorfeld wurden über 20.000 Tickets verkauft und gleich zwei Rekorde des Museums gebrochen: für die meisten Tickets, die je in einer Minute, und die meisten, die je an einem Tag verkauft wurden.

Fridas Garderobe ließ sie unter den der Mode entsprechend aufreizend gekleideten Amerikanerinnen herausstechen. »Die Gringas mögen mich sehr und bestaunen alle Kleider und *rebozos*, die ich mitgebracht habe«, schrieb sie aus San Francisco an ihre Mutter. »Beim Anblick meiner Jadehalsketten bleibt ihnen der Mund offen stehen, und alle Maler wollen, dass ich für sie posiere.«

T steht auch für

Leo Trotzki

In den 1930ern reichten Diego und Frida beim linksgerichteten Präsidenten Lázaro Cárdenas eine Petition ein, um politisches Asyl für den marxistischen Revolutionär Leo Trotzki zu erlangen. Trotzki und seine Frau wohnten als Gäste in der Casa Azul, und der Russe verliebte sich sofort in Frida. Die beiden hatten eine heimliche Affäre, und Frida zeigte ihre Bewunderung, indem sie ein Selbstporträt für ihn malte. Die Affäre endete, aber als Trotzki einige Jahre später von einem pro-stalinistischen Agenten ermordet wurde, galt Frida als Verdächtige. Sie wurde 12 Stunden lang von der Polizei befragt.

…

Raquel Tibol

Raquel Tibol kam 1953 nach Mexiko, um Diego bei Ausstellungsvorbereitungen zu helfen, beteiligte sich aber sofort an Fridas Pflege. »Sie war besessen davon, von Dingen umgeben zu sein«, erinnerte sie sich in einem BBC-Interview. »In ihrem Zimmer hatte sie eine Vitrine voll mit Spielsachen und Volkskunst. Alles hatte seinen Platz – ganz ordentlich. Sie war körperlich ein Wrack, aber alles an ihr war ordentlich und sie war immer sehr gut gekleidet.« Raquel wurde eine bedeutende Kunstkritikerin und -historikerin und schrieb mehrere Bücher über Frida.

…

Spencer Tunick

2007 lichtete Spencer Tunick – berühmt für Massen-Aktfotos an öffentlichen Orten – 105 nackte Frauen zwischen grünem Blätterwerk im Hof der Casa Azul ab. Die Frauen trugen die Haare wie Frida und würdigten eindrucksvoll sowohl Fridas Verletzlichkeit als auch ihren Kampfgeist.

U

steht auch für

Unauffindbar

1940 malte Frida *Der verwundete Tisch*. Es war das größte Bild, das sie je erstellt hatte, und zeigte sie an einem Tisch sitzend, um sie herum eine surreale Runde von Gästen: ein lächelndes Skelett, eine präkolumbianische Tonfigur, eine riesige Judasfigur (die leicht an Diego Rivera erinnerte), ihre Nichte und ihr Neffe und sogar ihr Reh Granizo. *Der verwundete Tisch* wurde zuerst auf der Internationalen Surrealismus-Ausstellung 1940 in Mexiko-Stadt und dann nur noch ein paarmal gezeigt, bevor das Werk 1955 auf dem Weg von Warschau zu einer Ausstellung in Moskau verschwand. Drei Fotos, die zwischen 1940 und 1944 aufgenommen wurden, dokumentieren das Bild, und trotz jahrzehntelanger Suche wurde es nie gefunden.

...

United States of America

Früh in ihrer Ehe verbrachten Frida und Diego Zeit in San Francisco, Detroit und New York. Während er die USA liebte, stand Frida ihnen zwiespältig gegenüber – die Gesellschaft war ihr fremd, und sie vermisste Mexiko sehr. Das war womöglich auch ein Grund, warum sie begann, immer ihre charakteristische Tehuana-Kleidung zu tragen: Sie stellte sich Kleider und Accessoires so zusammen, dass sie einen Stil kreierte, der ihren Nationalstolz ausdrückte und sie zur mexikanischsten aller Mexikanerinnen machte. Es gab aber auch einiges, was ihr an der amerikanischen Kultur gefiel: Sie entwickelte eine Vorliebe für Malzmilch, Apfelmus und amerikanischen Käse, ging gern ins Kino (ihr Lieblingsfilm war *Tarzan*) und verbrachte Zeit in Harlem, wo sie die florierende Jazzkultur aufsaugte.

UNIKAT

Unter Frida Kahlos unverwechselbaren Merkmalen sind ihre dichten, schwarzen, in der Mitte fast zusammengewachsenen Augenbrauen zweifellos das berühmteste. Sie verewigte ihre Monobraue auf ihren Selbstporträts und ließ sie oft noch ausgeprägter erscheinen, als sie in Wirklichkeit war. »Ihr leicht bräunliches Gesicht war den etablierten Normen nach vielleicht nicht hübsch, aber sie besaß eine seltsame und verführerische Schönheit – und strahlte das auch aus«, schrieb die mit Frida befreundete Psychologiestudentin Olga Campos. »Sie hatte ein besonderes Talent dafür, Make-up so aufzutragen, dass es natürlich aussah, und verbrachte viel Zeit damit, diesen Effekt zu erzielen … Sie wusste, wie sie sich in eine sensationelle Schönheit verwandeln konnte, unwiderstehlich und einzigartig.« Fridas Charme bestand zum Teil darin, dass sie ihre Augenbrauen mit einem Revlon-Augenbrauenstift betonte und auch den Zwischenraum dunkler färbte, damit sie sich noch deutlicher in der Mitte trafen. Außerdem benutzte sie ein französisches Produkt namens Talika, um den Haarwuchs zu fördern; sie versuchte also aktiv, ihre Monobraue noch stärker wachsen zu lassen.

Einen Monat vor ihrem Tod malte Frida Kahlo ihr letztes Bild: ein kleines, knallbuntes Stillleben mit Wassermelonen vor leuchtend blauem Hintergrund. Die reifen, saftigen Stücke stehen für die Fülle des Lebens und Fridas Sinn für *alegría* – ihre Freude, ihre Leidenschaft, ihre Überzeugung, dass man das Leben voll und ganz auskosten sollte. »Nichts ist mehr wert als das *Lachen*«, schrieb sie in ihr Tagebuch. »Es bedeutet Stärke, zu lachen, sich selbst zu vergessen und leicht zu sein. *Tragik* ist absolut albern.« Aber getreu der Vanitas-Tradition von Stillleben steht die Frucht auch für Vergänglichkeit: Die aufgeschnittenen Wassermelonen erinnern an die Flüchtigkeit des Lebens und die Gewissheit des Todes. Acht Tage, bevor Frida starb, vollendete sie das Bild, signierte es und schrieb auf das vorderste Stück Wassermelone einen Satz, der ihre Lebenseinstellung perfekt zusammenfasste: *Viva la vida.* Es lebe das Leben.

Auch als sie schon im Sterben lag, behielt Frida einen Sinn für das Leben als Show. Zur Eröffnung ihrer letzten Ausstellung war sie schon zu schwach, um zu stehen, und ließ sich daher auf einer Krankentrage in die Galerie und zu ihrem Himmelbett bringen, das eigens zu diesem Zweck aufgestellt worden war. Von dort aus herrschte sie über den Abend wie eine Königin von ihrem Thron aus.

In Fridas Werken ging es oft um leidvolle Themen – ihre körperlichen Schmerzen, ihre Fehlgeburten und Abtreibungen, ihr Liebeskummer wegen Diego –, aber sie zeigte nie Selbstmitleid. Sie ertrug ihr Leben nicht nur: Sie verwandelte es in Kunst, die ihre Stärke und ihren unbesiegbaren Geist widerspiegelte.

Interessanterweise malte Diego Rivera am Ende seines Lebens ebenfalls ein Stillleben mit dem Titel *Die Wassermelonen*, auf dem er dasselbe Obst darstellte. Es war sein letztes Werk.

Obwohl Frida ihr Leben lang unter chronischen Schmerzen litt, betrachtete sie den Schmerz letztendlich als einen notwendigen Teil der Existenz. Ihr Lebenswille war legendär, und einer ihrer Liebespartner beschrieb sie als »eine wilde und leidenschaftliche Frau«. Sie fasste ihr Ethos in ihrem Tagebuch zusammen: »Leid und Schmerz, Genuss und Tod sind nur ein Prozess, um zu existieren.«

»Ihr ganzes Wesen bestand aus Liebe zum Leben«, schrieb Juan O'Gorman nach Fridas Tod in einem Essay. »Liebe zur Kunst, Liebe zur *materia*, Liebe zu Mexiko, Liebe zu Diego, Liebe zu ihrer Familie, Liebe zu den Steinen, Liebe zu den Pflanzen, Liebe zu den Menschen – und das alles machte sie auf ihren Gemälden sichtbar.«

V steht auch für

Chavela Vargas

In den 1950ern war Chavela Vargas eine Sensation – eine Lesbe, die Zigarren rauchte, eine Waffe trug, Tequila auf ex trank und sich wie ein Mann kleidete. Sie sang leidenschaftliche *rancheras*, mexikanische Volkslieder, die traditionell Männer über ihre verlorenen, geliebten Frauen sangen. Chavela wohnte eine Weile bei Frida und Diego in der Casa Azul und hatte angeblich eine Affäre mit Frida. »Ich erfuhr … Geheimnisse, die ich nie verraten werde«, sagte sie einmal. »Wir … lebten in den Tag hinein, ohne einen Cent, manchmal ohne Essen, aber wir starben vor Lachen.«

…

Verhältnisse

Frida und Diego führten eine unkonventionelle Ehe. Diego war ein unverbesserlicher Frauenheld, der mit Models, Schauspielerinnen, Assistentinnen und sogar Fridas Schwester Cristina ins Bett ging. Frida hatte derweil selbst Affären mit Leo Trotzki, Nickolas Muray, Isamu Noguchi, Chavela Vargas, José Bartoli, Heinz Berggruen und anderen.

…

José Vasconcelos

Als die Mexikanische Revolution schließlich zu Ende war, wurde der renommierte Anwalt und Philosoph José Vasconcelos zum Bildungsminister ernannt. Er begann mit der Mission, den Menschen das Lesen und die Kunst zugänglich zu machen, indem er neue Bibliotheken, Freiluft-Kunstschulen und öffentliche Wandgemälde erschaffen ließ. 1921 beauftragte er Diego Rivera, ein Wandbild an der Escuela Nacional Preparatoria zu malen – wo sich Diegos und Fridas Wege zum ersten Mal kreuzten.

W

steht auch für

Wirbelsäulen-OP

1946 ließ sich Frida in New York an der Wirbelsäule operieren. »Man entfernte mir ein Stück des Beckens, um es in die Wirbelsäule einzusetzen«, schrieb sie in einem Brief und fügte hinzu, dass sie nun zwei riesige Narben auf den Schulterblättern habe. Sie verarbeitete die Erfahrung mit dem Bild *Der verletzte Hirsch*. Das auffällig surrealistische Gemälde zeigt Frida mit dem Körper eines jungen Hirsches, umgeben von dunklem Wald. Wie der katholische Märtyrer und Heilige Sebastian wird sie von Pfeilen durchbohrt, doch ihr Gesicht bleibt ruhig. Das Bild drückt Fridas lebenslangen Kampf gegen den Schmerz aus, aber auch ihren Wunsch, mit der Natur zu verschmelzen. In ihrer persönlichen Mythologie stand die Natur für Leben, Fruchtbarkeit und Verbindung – alles, was sie sich wünschte.

…

Wiederheirat

Frida war in ihrem Leben zweimal verheiratet, beide Male mit Diego. Ihre erste Hochzeit fand am 21. August 1929 auf dem Standesamt im Rathaus von Coyoacán statt. Frida trug gewöhnliche Straßenkleidung und einen *rebozo*, Diego einen Anzug im amerikanischen Stil. Danach gab es eine große Party, bei der Diego sich betrank, jemanden mit einer Pistole bedrohte und einem Mann einen Finger brach. Die zweite Hochzeit 1940 – weniger als ein Jahr nach der Scheidung – fand in San Francisco statt. Frida trug ein spanisches Kleid mit einem langen grün-weißen Rock und einen braunen Schal. Diesmal gab es keine Feier oder Party, stattdessen arbeitete Diego direkt danach weiter an dem Wandbild, das er damals malte.

Es erschienen auch noch andere herablassende Artikel über Fridas Kunst: »Die Bilder der kleinen Frida, meist in Öl auf Kupfer, hatten das niedliche Aussehen von Miniaturen, die grellen Rot- und Gelbtöne der mexikanischen Tradition und die spielerisch blutige Fantasie eines unsentimentalen Kindes«, schrieb ein Kritiker im *Time*-Magazin nach ihrer Ausstellung 1938 in New York.

In Paris erhielt Frida positivere Kritiken. Nach ihrer von André Breton kuratierten Ausstellung *Mexique* 1939 lobte ein Kritiker in *La Flèche* die Ehrlichkeit ihres Werks und stellte fest: In einer Zeit, in der »Schall und Rauch in Mode sind, gewähren uns die auffallende Aufrichtigkeit und Genauigkeit von Frida Kahlo de Rivera viele Geniestreiche.«

Frida schwankte zwischen Zweifeln an ihrem malerischen Talent und größtem Selbstbewusstsein. 1932, lange bevor sie berühmt wurde, fragte sie ein Journalist, ob sie auch Malerin sei. »Ja«, antwortete sie, »die beste der Welt.« Insgeheim litt sie unter Selbstzweifeln und beschrieb ihre Arbeit einmal als »klein und unwichtig«. Sie fürchtete, dass die persönlichen Themen, mit denen sie sich immer wieder beschäftigte, außer ihr niemanden interessieren würden.

W *wie* WAHRNEHMUNG

Als Frida Kahlo 1929 Diego Rivera heiratete, überragte er sie körperlich und an Ruhm. Sie begann gerade erst als Malerin, und er war einer der berühmtesten Künstler ganz Mexikos. Aber obwohl Diego von Fridas Talent überzeugt war und sie von Anfang an ermutigte, ihren eigenen, einzigartigen Stil zu entwickeln, wurde sie von den meisten anderen Leuten nur als die Frau eines großen Malers und nicht als eigenständige Künstlerin wahrgenommen. Besonders deutlich wird das in einem Artikel über Frida in den *Detroit News* 1932. Der Text an sich ist zwar recht schmeichelhaft und weist darauf hin, dass Diego nicht »der einzige Künstler in der Familie« ist, doch der Titel spricht Bände: »Frau des meisterhaften Wandmalers versucht sich fröhlich an Kunstwerken«. Indem Frida auf das »Versuchen« reduziert und so dargestellt wird, als wäre sie nur wegen ihrer Beziehung zu ihrem berühmten Ehemann interessant, zeigt der Artikel treffend, wie schwer es für Frida war, ernst genommen zu werden.

XÓCHITL

Frida Kahlo schrieb in ihrem Leben Hunderte Briefe und hinterließ ein umfangreiches Vermächtnis an persönlicher Korrespondenz mit Freund’innen, Liebespartner’innen und Familienmitgliedern. In ihren Briefen werden die vielen Seiten ihrer Persönlichkeit sichtbar. Für ihre Eltern war sie »Friducha« (»Fridachen«), die liebe Tochter, die sich nach dem neusten Klatsch aus Coyoacán erkundigte, wenn sie sich im Ausland einsam fühlte. In innigen Liebesbriefen an Diego war sie »Dein Mädchen, Frida«. Für ihre Freundin Ella Wolfe war sie »die beliebte und starke Chicua«. Für andere Freunde wie Lucienne Bloch war sie *»chiquita« oder »chicuita«*, was »Kleine« oder »Kleinste« bedeutet. Für ihren Liebhaber José Bartoli unterschrieb sie als »Mara«, kurz für »Maravillosa«, was »die Wundervolle« heißt – Josés Kosename für sie. Und für Nickolas Muray war sie »Xóchitl«, was auf Nahuatl »Blume« bedeutet.

»Ich weiß nicht, wie man Liebesbriefe schreibt«, behauptete Frida. Dabei war sie sehr bescheiden. Auf dieser Seite sind einige ihrer schönsten Formulierungen gesammelt.

An José Bartoli: »Seit ich mich in dich verliebt habe, ist alles verwandelt und voller Schönheit … Die Liebe ist wie ein Aroma, wie ein Strom, wie Regen. Weißt du, mein Himmel, du regnest auf mich und ich empfange dich wie die Erde.«

An Nickolas Muray: »Ich schicke dir hier Millionen Küsse, damit es deinem schönen Hals wieder besser geht … Dir, mein liebster Nick, mein ganzes Herz, Blut und mein ganzes Wesen. Ich verehre dich. Frida.«

An Diego Rivera: »Diego: Nichts ist vergleichbar mit deinen Händen, nichts mit dem Grüngold deiner Augen. Tagelang ist mein Körper von dir erfüllt. Du bist der Spiegel der Nacht, der gewaltige Blitz, die Feuchtigkeit der Erde. Deine Achselhöhlen sind meine Zuflucht. Meine Finger berühren dein Blut. Meine größte Freude ist es zu spüren, wie das Leben aus deinem Blumenbrunnen quillt, das meiner aufnimmt, um all meine Nervenbahnen damit zu füllen, die deine sind.«

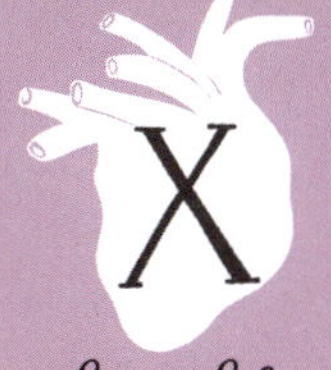

X

steht auch für

XXX

Frida lebte in einer konservativen Zeit, sprach aber sehr offen über Sex. Sie verfasste heiße Briefe an ihre zahlreichen Liebhaber (»Letzte Nacht fühlte ich mich von unzähligen Flügeln überall gestreichelt, als hätten deine Fingerspitzen Münder, die meine Haut küssten«, schrieb sie an José Bartoli) und bildete ihre Sexualität mit erotischer Energie auf ihren Gemälden ab. Selbst ihre Bilder von Pflanzen sind sexy – ihre *Blume des Lebens* (1943) zeigt zwei miteinander verschmolzene Blumen, die aussehen wie ein roter, erigierter Phallus mit schamlippenartigen Blättern. Das Gemälde galt als zu gewagt für die breite Öffentlichkeit und musste bei der ersten Ausstellung in einem separaten Raum gezeigt werden.

…

Señor Xólotl

Von all ihren Haustieren mochte Frida ihre Xoloitzcuintle-Hunde am liebsten, vor allem Señor Xólotl, benannt nach dem aztekischen Gott des Feuers und des Blitzes (sowie des Unglücks, der Krankheit und der Missbildungen). Das haarlose Hündchen taucht auf mehreren Bildern auf, darunter die *Liebesumarmung von Universum, Erde (Mexiko), mir, Diego und Señor Xólotl* (1949).

…

X-Strahlen

Nach Fridas Unfall blieb ihre Wirbelsäule geschädigt, und Frida wurde unzählige Male geröntgt. Das Verfahren wurde ihr so vertraut, dass sie anfing, ihren Körper auf Bildern transparent darzustellen – *Die gebrochene Säule* (1944) war sicher davon beeinflusst, dass sie Röntgenaufnahmen ihres Körperinneren gesehen hatte.

Y

steht auch für

Yin und Yang

1947 erstellte Diego im Hotel de Prado in Mexiko-Stadt ein Wandbild mit dem Titel *Traum von einem Sonntagnachmittag in der Alameda Central*. Darauf sieht man auch Frida mit ihrem typischen *rebozo* und geflochtenem Haar, in der Hand ein Yin-und-Yang-Symbol (chinesisch *taijitu*). Dieses kraftvolle Sinnbild der Dualität fasst Fridas Weltsicht zusammen. Diegos Tochter Guadalupe Rivera Marín erinnerte sich, dass Frida viel chinesische Philosophie las und das Symbol als »das Ewige, den Kosmos in ständiger Bewegung« sah. Frida trug auch eine silberne Halskette von Matilde Poulat mit einem von zwei Vögeln gehaltenen Yin-und-Yang-Symbol und malte das Zeichen mehrfach in ihr Tagebuch. Guadalupe nannte es »das Symbol für Fridas Leben«.

...

Yucca

Frida liebte die in Mexiko, den USA und Teilen Südamerikas heimischen Yuccas. Sie füllte den Hof der Casa Azul mit den stacheligen Palmlilien, und 1937 veröffentlichte die *Vogue* in einem Feature mit dem Titel »Señoras of Mexico« ein heute legendäres Foto von Frida, auf dem sie in einer himmelblauen Rüschenbluse und einem weißen *enagua* unter einer riesigen Yucca-Pflanze steht und ihren geliebten pflaumenfarbenen *rebozo* hochhält.

Die befreundete Schriftstellerin Carleta Tibón erinnerte sich, wie sie Frida in der Casa Azul besuchte: »Frida war sehr stolz auf diese kleinen roten Stiefel. Sie sagte: ›Was für wunderbare Beine! Und wie gut sie funktionieren!‹, und tanzte den *jarabe tapatío* mit ihrem Holzbein.«

Fridas Beinprothese wurde zusammen mit anderen persönlichen Gegenständen wie verschiedenen Gips- und Lederkorsetten, Tehuana-Kleidung, Make-up und Briefen in der großen Ausstellung *Frida Kahlo: Making Her Self Up* im Victoria and Albert Museum ausgestellt.

In Fridas Tagebuch gibt es mehrere Einträge über die Prothese. In einem skizzierte sie sich mit Buntstiften aufrecht auf ihrem künstlichen Bein stehend und kritzelte eine Liebesbotschaft an Diego quer über die Seite. In einer anderen Skizze ist das Bein nur ein Holzstock (in Erinnerung an den grausamen Spitznamen »Frida pata de palo – Holzbein-Frida« ihrer Kindheit), während Pfeile auf alle Teile ihres Körpers deuten, wo sie operiert wurde.

Eine andere Freundin, Mariana Morillo Safa, erinnerte sich, dass Frida mit einer Prise schwarzen Humors über ihre Prothese sprach: »Damals hatte sie Streit mit ihrer alten Freundin Dolores del Río und scherzte: ›Als Rache schicke ich ihr mein Bein auf einem Silbertablett.‹«

wie

¿Y QUÉ? – NA UND?

Als Fridas Bad mehr als 50 Jahre nach ihrem Tod geöffnet wurde, gehörte ihre hölzerne Beinprothese zu den faszinierendsten Entdeckungen. Sie war in Fridas Hautfarbe bemalt und oben ein lederner Schaft angebracht, der um ihren Schenkel geschnürt werden konnte. Unten trug das Bein einen schicken roten Lederstiefel mit Keilabsatz und einem aufgestickten chinesischen Drachen auf dem Fußteil sowie zwei Silberglöckchen, die mit lachsfarbenem Band an den Schnürsenkeln befestigt waren, sodass Frida beim Gehen Musik machte. Sie benutzte diese Prothese ab 1953, als ihr Bein unterhalb des Knies amputiert wurde, bis zu ihrem Tod weniger als ein Jahr später. Zuerst hasste sie sie – erst nachdem sie sich die hübschen Lederstiefel anfertigen ließ und das Bein schön aussah, war sie bereit, es zu tragen. Mit den Stiefeln, erklärte Frida, werde sie »ihre Freude tanzen«.

wie ZAPOTEKEN

Die zapotekischen Frauen vom Isthmus von Tehuantepec in Oaxaca waren für Frida Kahlo eine beständige Inspiration. Sie waren berühmt für ihre Selbstbeherrschung und Unabhängigkeit, den selbstbewussten Umgang mit ihrem Körper und die finanzielle Freiheit von ihren Männern. Die zapotekische Kultur war eine seltene matriarchalische Gesellschaft, in der die Frauen die Märkte organisierten (sie verkauften alles von Textilien bis zu Lebensmitteln, Volkskunst und sogar Leguanen – und trugen all das auf dem Kopf zum Markt), sie regelten die Finanzen und herrschten allgemein über die Männer. Zu Fridas Zeit kleideten sich moderne Bohème-Frauen in der Stadt gern wie indigene Mexikanerinnen, um ihre Solidarität mit dem postrevolutionären Mexiko und ihren Stolz auf ihre Kultur ohne äußere Einflüsse zu bekunden. »Die klassische mexikanische Tracht wurde vom Volk für das Volk geschaffen«, sagte Diego. »Die Mexikanerinnen, die sie nicht tragen, gehören nicht zum Volk, sondern sind mental und emotional von einer fremden Klasse abhängig, der sie sich anschließen möchten, zum Beispiel der großen amerikanischen und französischen Bürokratie.«

Frida ließ sich bei ihrer Kleidung zwar von den zapotekischen Frauen inspirieren, aber sie machte daraus einen trotzigen Avantgarde-Stil. Sie mischte und kombinierte gern Teile aus verschiedenen Regionen Mexikos und brachte auch ab und zu etwas von ihren Reisen in die Vereinigten Staaten und nach Frankreich mit.

Frida war begeistert von der Geschichte, Architektur, Kleidung und Kunst der Region Oaxaca. Den Einfluss uralter Architektur sieht man an der Pyramide im Hof der Casa Azul, die an die Pyramiden von Monte Albán, der einstigen Hauptstadt der Zapoteken, erinnert.

Für Frida verkörperten die zapotekischen Frauen wirtschaftliche Unabhängigkeit und Macht, und das passte zu ihrem Gefühl, eine Außenseiterin zu sein – der Tradition treu, aber zugleich mit einem modernen, befreiten Lebensstil.

Viele von Fridas Zeitgenossinnen wie Rosa Covarrubias und Dolores Olmedo ließen sich von den zapotekischen Frauen inspirieren. Sogar Natalia Chacón, die Frau von Präsident Plutarco Elías Calles, ließ sich für ein offizielles Porträt in Tehuana-Tracht fotografieren.

Z

steht auch für

Emiliano Zapata

Emiliano Zapata war ein führender Protagonist der Mexikanischen Revolution. Er forderte »Reform, Freiheit, Gerechtigkeit und Gesetz« und führte in einer brutalen zehnjährigen Revolution, die die Bevölkerung des Landes dezimierte, eine Armee aus Bauern und indigenen Mexikanern gegen die zentrale mexikanische Regierung an. Frida war damals ein Kind; in ihr Tagebuch schrieb sie: »Ich sah den Zusammenstoß zwischen Zapatas Bauern und den Streitkräften von [Präsident Venustiano] Carranza mit eigenen Augen«, und fügte hinzu, dass die »klaren und präzisen Emotionen der Mexikanischen Revolution« ihre politischen Ansichten geprägt hätten.

…

Adelina Zendejas

Adelina Zendejas war als Jugendliche ein Mitglied der Los-Cachuchas-Clique und eine von Fridas engsten Freundinnen. Sie erinnerte sich, wie stoisch Frida nach dem Unfall war: »Wenn wir sie am Krankenbett besuchten, spielte, lachte, kommentierte sie, gab beißende Kritik, Witze und kluge Ratschläge von sich. Falls sie weinte, bekam es niemand mit.« Adelina wurde Kommunistin und Feministin wie Frida, und die beiden blieben bis zu Fridas Tod 1954 befreundet. Bei Fridas Beerdigung betonte Adelina die Eigenschaften, die sie schon als Mädchen an der Escuela Nacional Preparatoria an Frida beobachtet hatte: ihre Begeisterung, ihre Leidenschaft und ihren »eisernen Lebenswillen«.

Titel der Originalausgabe: Frida – A to Z.
Erschienen bei Smith Street Books
smithstreetbooks.com
Copyright © 2020

Copyright Text © Nadia Bailey
Copyright Illustrationen © Susanna Harrison
Copyright Design © Smith Street Books

Deutsche Erstausgabe
Copyright © 2021 von dem Knesebeck GmbH & Co. Verlag KG, München
Ein Unternehmen der Média-Participations

Projektleitung und Lektorat: Anja Sommerfeld, Knesebeck Verlag
Übersetzung: Marion Herbert, Düsseldorf
Umschlagadaption: Leonore Höfer, Knesebeck Verlag
Satz und Herstellung: Arnold & Domnick, Leipzig
Druck: PNB Print SIA
Printed in Latvia

ISBN 978-3-95728-493-8

Alle Rechte vorbehalten, auch auszugsweise.

www.knesebeck-verlag.de

FSC® www.fsc.org
MIX
Papier aus verantwortungsvollen Quellen
FSC® C084698

A B C
TIERRA Y LIBERTAD
D E F G
H I J
K L M